U0016731

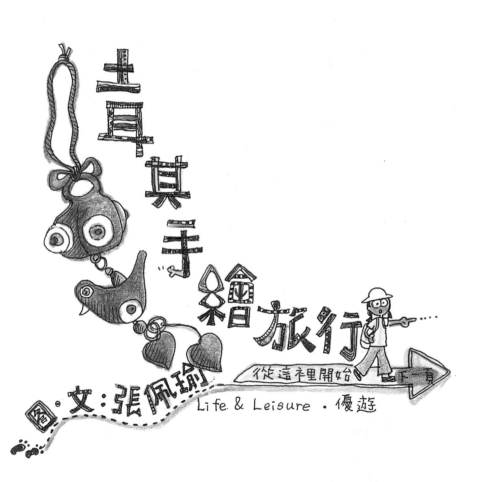

土耳其手繪旅行

圖‧文：張佩瑜

從這裡開始

下一頁

Life & Leisure ‧ 優遊

很多人一起寫的序～

（寫序實在太痛苦了，所以我乾脆把大家拖下水！）

Peiyu 佩瑜

看！我畫
最多啦！

我一向喜欢涂涂寫寫，每一次旅行總像是專程去寫日記似地，每次出國旅行回来，總有一堆人要找我喝咖啡閒聊，我知道，他們不是想看我，而是要看我的日記（淚光……），他們說我的文字淺顯易懂（意思是不需要大腦……，這本書出得有点莫名其妙，全都要感謝周圍眾多朋友，他們受不了我的懶惰，積極為我尋找可以出版的机会，謝謝所有人的關心（三不五時的催促）這本日記才有机会給更多人看，我希望所有看了這本書的人，都会得到快樂，甚至開始旅行。

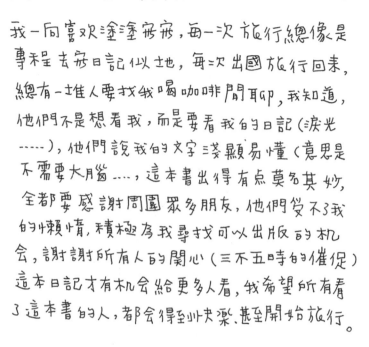

嘉芸～

Peiyu 和我並不是熟識多年的好友，只是我在 BBS 上無意中遇見的旅伴。我們只見過二次面，很難想像我們就這麼一起去旅行了。我相信和對的人、在對的時間、去對的地方，就能創造美好的回憶。出發之前，我沒把握這個網路上找到的陌生女孩，是不是會和我一起留下美好的記憶。在土耳其時，我們每天都寫日記，一边寫还一边抱怨：為什麼我們要這麼認真！但因為如此，回来之後我們能各自完成一本書，將我們那一段快樂的旅程保存下来。

曹嘉芸

Ⅱ

Peiyu has left a deep impression in me. I think she is a very special lady. Her perspective of life is very open and receptive to a wide spectrum and variety of interests, including art, music and travel. She is full of wits, always curious like an innocent child, drawn to discover even the smallest and most minute details around her, and always ready with a pen in hand to sketch them down. Like the time in Eğirder, Peiyu was intrigued and wanted to draw some small wild flowers, so I helped to hunt for a few more, and make a bundle for her. She was overjoyed at the bundle of flowers and smiled with contentment like a little girl. I have yet to meet anyone else, until her, that draws and records in such details in her journal...... and she draws very well too! When i first had the chance to flip and read through her amazing journal in Turkey, I was truly fascinated. I could not help it but laugh over her brilliant illustrations, funny small notes and cute cartoons. "You should be an art teacher instead, such a waste of your talent", I told her then. I am thus honoured and happy to contribute and be part of her wonderful journal to be published. Peiyu, you have my utmost support all the way...... ☺

zhenguang 振光
singapore

新加坡男～

내 인생에서 가장 행복했던 지난 2달간의
여행. 그 중 너와 함께한 2주는 그중
에서도 가장 행복한 순간이었어.

너희와 거중해에서 수영하며 장난치던 기억
내가 머리를 짧게 깎았을 때 너희들이
깐깐대며 날 놀려대던 기억,
함께 자전거를 타며 한눈가득 거닐던 기억

이 모든 기억들을 절대 잊지않고 가슴 속
깊이 간직할게..

正在剪頭髮
的無奈表
情 啊青!

翻譯 (希望有對到!):這兩個月的旅行是我最
開心的一段時間,而兩個月中,和你一起共度的
那2個星期,最快樂的記憶莫不过於:在地
中海畔一起游泳,剪頭髮時被你取笑(
哈哈!),一起在胡迅騎腳踏車......,這樣
的記憶我永遠難以忘懷。

韓國男～哈哈!

我的土耳其旅遊地圖

Greece 希臘

Edirne 艾狄爾內

Black Sea

Istanbul 伊斯坦堡

Sea of marmara

Yalova

Safranbolu 撒

Troy 特洛伊

Çanakkale 查納那阿雷

Bursa 布爾沙

Ankara 安卡

Selçuk 塞爾柱克

Pamukkale 棉堡

Cappado

Aegean sea
愛琴海

Ephesus
艾菲索斯

Egirdir 艾伊爾德湖

Fethiye 費提業

Mediterranean sea
地中海

CYPRUS 塞浦路

很悠閒！

- 旅行時間：2004年7月及8月，2個月整
- 當時的匯率：一百萬土耳其里拉(1000000 T.L.) ≒ 24元台幣
- 我總共花了：10萬土鬼（含買旅遊書，机票簽証，遊學費用，寄宿家庭，及食宿車資，購物）
- 7月的路線：伊斯坦堡(Istanbul)学2個月語文，去附近的艾狄爾內(Edirne)古都、鐵西馬(Termal)洗溫泉、瑪爾瑪拉海(Marmara)的小島

IV

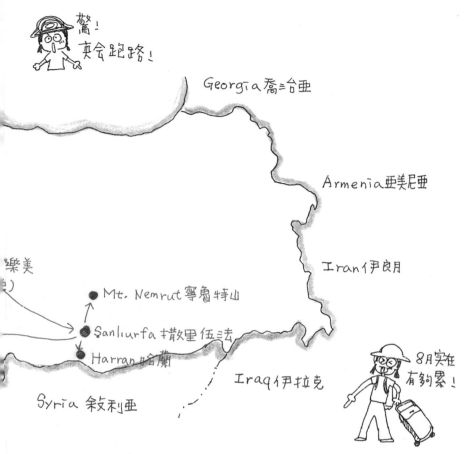

驚！真會跑路！

Georgia喬治亞

Armenia亞美尼亞

Iran伊朗

樂美
(　)

● Mt. Nemrut 寧魯特山

● Sanliurfa 散里伍法

● Harran 哈蘭

Iraq伊拉克

Syria 敘利亞

8月实在有夠累！

- 7月底，因為簽證只有1個月，所以我先離境去了塞浦路斯，再入境土耳其……。
- 8月的路線：伊斯坦堡（Istanbul）→ 撒芙朗布魯（Safranbolu）→ 安卡拉（Ankara）→ 卡帕多奇亞（Cappadocia）→ 撒里伍法（Sanliufa）→ 哈蘭（Harran）→ 寧魯特山（Mt. Nemrut）→ 費提葉（Fethiye）→ 棉堡（Pamukkale）→ 愛伊爾德三胡（Egirdir）→ 賽爾柱克（Selçuk）、艾菲索斯（Ephesus）→ 強那卡雷（Ganakkale）、特洛伊（Troy）→ 布爾沙（Bursa）Ⅴ

尋找時空座標～目次.

味來～
目次用手寫...
超辛苦!

開始後悔
為何不用电腦
打目次!

要仔細找!
字太小!

放大鏡!

回想當時一手拿LP的樣子

3LP

lonely planet 旅遊書

"一級棒"

快抄完目次了！（自我鼓勵）

ZZZ 終於抄完目次了

VII

東西，我帶了⋯⋯？？？

無敵
立可白

一盒加了水就可以變成水彩的彩色鉛筆。
可以把日記本裡的圖畫加上很多顏色。

有支習慣用的極細字簽字
筆，有不同的顏色，但是因為黑色可能常常用，所以我
多買了筆芯備用（呵～我真細心，驕傲～）

史努比口紅膠（不管啥東西，一定要史努比の！）

自從我的尼泊爾民族風美勞文
具包在葡萄牙弄丟後，我就買了一
個史努比文具包放我的美工用具。

史努比的美工刀，不過上飛机時，得放在
大行李中拖運，不然会被懷疑是要去刧机。⊙⊙

日記本2本，因為我对紙質有点要求⋯⋯，
对外皮的美醜也要求⋯（龜毛的人然），所
以我一直在尋覓适合的日記本，出發前一天意
外找到便宜（才100多而已）、厚、紙質也可以接
受的本子，黑色の外皮可防弄骯髒，省去包書套の工，因為一
去2個月，所以我帶了2本（怕帶太多了⋯有備無患！）

除了帶一些美工用具之外，我還帶了……

電子字典小小一台，這是第一次出國旅行時就買了，用到現在还没坏，英文太破，所以這是我的必備單品。

一支無敵電湯匙，以及剛好可以塞進一碗泡麵的大鋼杯！(哈)

出外旅行時，因為我很懶，所以常々一塊香皂洗到底(包括衣服也用香皂洗)，但濕答答的香皂很難帶著走，所以我会用小網袋裝香皂，繫上繩子，每天晚上洗完澡及衣服後，就找地方掛著風乾，第二天就很好帶了。(這個聰明の方法是好友小玉在去尼泊爾時教我的)

一支在師大夜市買的100元很有設計感的迷你手电筒，不过我在旅途中送給手电筒坏掉的新加坡男，我和嘉芸則合用一支(送他之前我还先画下来，但沒想到送他过後5分鐘，立刻停電，我以為他会还我，但他竟然留著自己用……)

50包面膜
(因為太乾了)

在四平街買的中國結小吊飾，送外國人。
(20個)

最重要的是，帶一顆快樂的♥

7月1日（四）出發了！

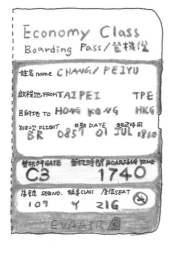

Economy Class
Boarding Pass/登機證
姓名 name CHANG/ PEIYU
啟程地 FROM TAIPEI   TPE
目的地 TO HONG KONG   HKG
班次 FLIGHT 日期 DATE 起飛時間
BR 0851 01 JUL 1810
登機門 GATE 登機時間 BOARDING TIME
C3   1740
序號 SEQ.NO. 艙等 CLASS 座位 SEAT
109   Y   21G
EVA AIR

每一年出國，似乎總是在兵荒馬亂中度過，原本以為今年會輕輕鬆鬆、悠悠哉哉地準備出國，然而卻在最後一週（期末考這週），莫名其妙冒出一堆事，搞得筋疲力竭，也許是上天的安排，要讓我懂得珍惜度假時光的美麗，所以讓我忙到出國前一刻……。

行李是出發前、當天早上亂打包，好在不是第一次出國，打包的效率非常值得稱讚。雖然不是第一次自己搭飛机，可是我仍覺得像我這樣的迷米糊虫，千萬不可以掉以輕 💙 比較好。

原本要和我一起勇闖土耳其的玲琳，因家中有事不能前來，原本我

😊坐長榮班机到香港轉机的我，一直在座位前的螢幕看見自己疲倦的表情。

是打算自己玩兩個月的，不過，意外在台大椰林BBS認識了正在尋找旅伴的嘉芸，於是我們在台大後門的河堤碰了2次面……，我獨自前往伊斯坦堡一個月，去念土文課程，7/29 她再飛來和我会合，之後，我們再一起去土耳其的其他地方玩。

"到土耳其遊學？"這個念頭跟很多人百思不解，

2

京醬肉絲麵　red wine　（長榮不管啥東東，肯定全是綠的！）

↪ 今天的第一頓机上，
不知道还要再被餵
嗎，才可以到伊斯
坦堡？

orange juice　coffee　chocolate cookie

還拼命笑我土……（說我是土人一個！），其实，会有這樣
的念頭是因為有點厭倦了以前的玩法，厭倦那種拖
著行李三天兩頭找旅館的疲累，反而想好好找一個
地方住上一陣子，去感受在地文化的内涵，不知怎地
……，"土耳其"這三個字莫名其妙占據了我的心，我
在 LP（lonely planet）上看到関於学土耳其語的課程，
我努力瀏覽了網站，再加上《狂吻土耳其》這本書的
作者的解惑（真感謝她！），我決定選擇安卡拉大
学 Tömer 語言中心伊斯坦堡分部的課程。
因為在前幾天，我实在太忙碌了，以致於居然忘了
寫 e-mail 去問我的
homestay 的地址，甚
至怎应去学校我也
不知，自以為有 LP 上
的地圖就無敵了，
誰知當我在香港轉
机時，想説拿伊斯
坦堡の地圖瞧一下，

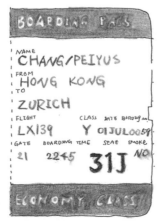

BOARDING PASS

NAME CHANG/PEIYUS
FROM HONG KONG
TO ZURICH
FLIGHT LX139　CLASS Y　DATE BOARDING 01JUL0059
GATE 21　BOARDING TIME 2245　SEAT 31J　SMOKE NO

ECONOMY CLASS

BOARDING PASS

NAME CHANG/PEIYUMS
FROM ZURICH
TO ISTANBUL
FLIGHT LX1804　CLASS Y　DATE BOARDING 02JUL0032
GATE ---　BOARDING TIME 0920　SEAT 15C　SMOKE NO

ECONOMY CLASS

3

到底在什麼地方？

学校的位置应該是在這張"國王的地图"上吧！（泣～）

向北走！

天哪！語言中心是位在新城一個超出我的地圖範圍的地方，看得我汗如雨下，只好安慰自己說，等到了伊斯坦堡再打電話去問。

上了飛机後，坐我隔壁的，是一位不知那一國的時髦老婆婆，英法語都可通，但中文不通，她兩手都戴了"大""中""小"三種size的閃亮粉紅及桃紅宝石戒指，把指關節都給卡住的樣子，我不斷遮住了，呵～感覺快地偷瞄她的手，且怕她發現我在画她，遮遮掩掩地。

瑞航
第1餐

綴有巧克力碎片の咖啡蛋糕
（美味！）

有点苦的生菜
但淋上醬汁
就化腐朽為
神奇了！

蘑菇通心麵，
比我想像中好吃！

APPLE CHEESE

可能是因
為前幾天
實在是太操了，

在吃過瑞航的第一餐後，我就昏昏沉沉地睡著了
，一睡就是10幾個小時，直到"空媽"把我叫醒，
送上冰冷的早餐，吃著cheese……，其實我腦子裡
想著的，是巷口的蛋餅和蘿蔔糕……，嗚！好想吃喔！
好希望在吃完這一餐後，就趕快把我趕下飛机吧
！因為實在是
坐太久了，全
身僵硬到
不行，逼得
我只好趁
著等上洗手
間排隊
時，伸
展四肢，
運動筋骨。

看起來一身黑
的我幽暗
地吃著早
餐！

巷口的蛋餅級
蘿蔔糕
我每次都点兩人份！

yoghurt　　orange juice　　可頌

cheese 有太肥

coffee

apple juice

5

到蘇黎士轉机之際，窗外竟是下雨天，我的手錶仍停留在台灣時間，我有点錯亂了起来，講中文的人愈来愈少，記得去年從奧捷匈回台之際，還發誓一定要認真学英文，但過了一年，我的聽和說仍然沒進步，吃机上時仍只停留在聽懂 "Beef" 和 "orange juice" 的階段。(慘!)不知道下星期開始上学時，該如何和同学交談？在等待轉机之際，侍机室裡已経開始出現戴頭巾的婦女了，我到土耳其不知是否也要戴頭巾呢？在看完一部瑞士美好风景的介紹後，終於登机了。

上机後，先給一顆牛奶巧克力，我旁边坐了一個包頭巾的婦女，我一直偷瞄她的頭巾包法，但又非常

戴頭巾？？ 其实才不是这樣包！

怕被她発現，只好假裝是在看旁边螢幕的救生示範。

明明应該是中午時間，但這班飛机上沒供餐，要吃三明治还得向空姐現金交易，害我饿扁了。

Thank you for flying SWISS

從空媽手中接下这塊香濃牛奶巧克力之際，代表再过没有多久就可以下飛机了！

7月2日(五) 伊斯坦堡，我來了！

　　終於抵達伊斯坦堡了，然而，真正的挑戰才剛開始，在机場領出行李，去問 Tourist office 關於語文中心的位置，據說是在塔克辛廣場附近吧！我向 Tourist office 要了一張地圖，那裡的阿公超有趣的，

　我說：Can you give me a map?

　阿公說： I can give you two maps.

　　哈！真是夠了！

坐上了 shuttle bus (7.5 million，或 $6)，
前往塔克辛 (Taksim) 廣場，下車後要找
公用電話，路人甲乙丙都來幫忙，
真是讓人感動得痛哭流涕，
然而，就在我講電話的當下，擦鞋童在我腳邊迅速地展開了他的動作，把一大團の鞋油往我的休閒涼鞋上抹，害我當場　　　尖叫大吃一驚…我只好一直
　　　　　　　　　　　　　　說：「謝謝，不用了」。

7

我要去找地鐵入口，但擦鞋童一直跟著我，他不斷地用英文說：I am very hungry. Please give me some money. 我假裝聽不懂，然後拉著行李快步走開，但心中卻有一種心酸難過的感覺……。

順利買了地鐵票（單次 1000000 T.L），上了車，也許是因為我把寫著 Osmanbey 站名的紙條緊緊握在手上，坐在隔壁の那個女生一直偷瞄我，到站時還刻意提醒我，土耳其人真是愛幫助人呀！

下車之後，才是大麻煩的開始，路名錯綜複雜，路人甲乙丙又聚過來幫忙，七嘴八舌地討論，後來有人幫我打電話到語言中心去問個清楚，原來其實是在不遠處，路人甲不懂英文，比手畫腳講不通，乾脆就直接帶我去，还幫我拉行李，害我又感動得亂七八糟。

戴著帽子看起來像個蛋的我！

然而，到了之後，才真正是糟糕的開始，我拿出 accept card 給櫃台小姐看，她卻說：「嗯……你早來了一個月……」，哇咧！怎会這樣！我解釋說我有寄 mail 过來改時間……但小姐說我的名字在八月課程名單中……。天哪！怎会這樣？那時語言中心明明回覆說我可以七月前來就讀。小姐很抱歉地表示七月課程皆已額滿，說我可能要再等一個月……，瞎密！怎麼會這樣？有個看起來似乎"位高權重"的女生，要我把問題告訴她……，她進了辦公室聯繫安卡拉語言中心的人，然後向我宣布惡耗：「課程已滿，無法容納，要嘛！八月再來念，要嘛！就安排我七月去別的城市……」，我向她強調是語言中心總部的人說一切 ok，no problem……我才來的，並且強調"It's not my fault"。但這女生顯然今天心情不太好，她很兇地回我一句"It's also not my fault."天哪！我真是當場傻眼，她又再用嚴肅的語氣說課程再也容納不下任何人，即使一個都不行……，也許是因為我無辜但又堅定的態度令她讓步，她說要我下星期再來看看，好吧～出門在外，原本就是會有太多意料外的事情，就算如她所言，我的座位上也許只有椅子沒有桌子，我也認了。後來，有個和善男生拿來紙條，說是我的 host family 的地址，但他說那女主人去渡假了，不過我運氣很好，因為她正好今天回來，否則我就要淪落街頭了，但……，我的運氣真的很不好，因為我不知為何接到了一通莫名其妙的電話，要我在語言中心等寄宿家庭的人來接，於是我就像傻子一樣在那裡枯等了兩個小時，連個鬼影子也沒瞧見，到底是誰亂講的。9

我只好自己摸々鼻子，拖著行李再度搭上地鉄，再度回到塔克辛店場，call 寄宿家庭的人出来接我。在塔克辛店場打電話之際，白天碰到的那個擦鞋童又出現了，搶著幫我撥電話，但我拒絕了，後来，我打完電話之後，他抽出我的電話卡，問我可否給他？向来不喜欢直接施捨的我，拒絕了。

這是Tömer 語中心報名表及書本上的圖案，是西台人鉄器的圖騰....有名歷史文物。

我原本以為我会住進一個戴頭巾的傳統土耳其家庭，但事情和我想像的有些差距，Hatice 住在一個溫馨小公寓中，她是一個單身英文女教師！

我稱讚牆面上的俄羅斯娃娃十分可愛，Hatice 立刻取下来説要送我。

一進門，発現房間整理得十分雅致，每個地方都乾淨漂亮可愛，看起来是花了心思在布置上。隨後，她帶我去逛了附近 Beyoglu 区的熱鬧大街，还去友館享受了一頓道地的土耳其大餐，老闆还贈送了美味小菜，快餓昏的我只顧著吃，竟然忘了拍照...(悔.⊙)

俄羅斯娃娃的背影

Lahmacum
土式披薩。類似薄片披薩上鋪上辣醬.肉末夏.份量小、恰到好子処

一种 Kebap
淋上了优格 Yogurt,十分美味

yogurt kebap

ezme ⇒ It's a kind of salad.

pide 多前先来一大盤稱為 pide 的麥麵包
(可沾著湯喝!)

lavaş 一种膨胀長的大餅.可以就著肉食吃

kanat kebap 我吃的烤雞 kebap

Ezo Gelin Çorbasi
新娘湯 將切成細末的洋蔥用磨成粉的小麥.蕃茄泥.加上薄荷.紅扁豆熬煮的濃湯。

飯後当然再来杯茶

不續杯時,把茶匙放在杯口,店家就知道了。

11

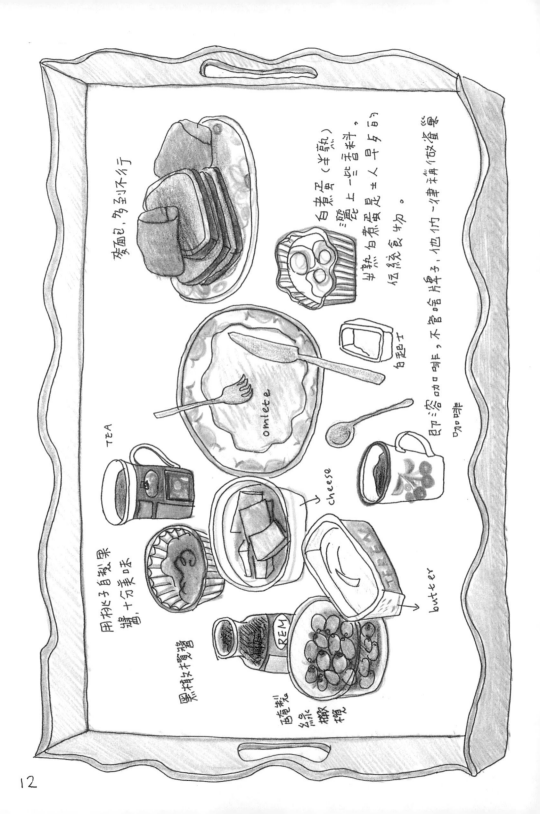

烤面包，勿剪不行

白煮蛋多（半熟）
三露匙上一匙羹料，
半熟白煮蛋是人们早夕的
传统饮食物。

白煮工

EP三谷品口喏, 不客哈哈拌多, 他们一律车并仍饮盖蛋
印加啡

omlete

TEA

cheese

用柑桔子自製果
糖，十匀美味

黑桔绿督酱

butter

TIREA

REM

西鲁荒绿橄榄桔

12

7月 3 日（六） 睡得好滿足，睡飽遊街去

　　昨晚總共睡了十幾個小時，真的好滿足。

　　早上 Hatice 做了美味且豐富的早餐，我慢吞吞地吃，她在看報，報紙上說土耳其東南部發生了地震，圖片上，戴著頭巾的母親對著躺在地上的孩子掩面哭泣……；Hatice 告訴我，在安卡拉、伊斯坦堡這邊是比較富裕的土耳其，而東南部是貧窮的……，我不禁想起"最後的授課"這部翻譯小說（在台灣是由小知堂文化出版），作者曾獲得土耳其文學獎，這本小說是描述他在東部庫德族大本營教書的心情，所面對的，是一個有過去比較起來截然不同的世界……，我原本對這部小說一無所知，但是在看了村上春樹的"雨天炎天"之後，（一本記錄土希之旅の札記），書上說有一部土耳其小說被拍成電影，得到柏林影展銀熊🐻獎，在閱讀之際，內心翻騰不已，而在今天早上，當我看到報紙的圖片時，那些在小說中閱讀過的字句，又再回來了……。

吃完早夕後，我全副武裝準備出門探險了，Hatice 教了我一些可能會用到的單字，但她質疑我穿得太多了，我解釋因為怕曬黑，逗得她不禁哈哈大笑。

全身塗滿高係數防曬油！

帽子

長袖

長褲

13

Hatice 很細心地叮嚀我別帶太多錢在身上，她說
土耳其男人十分熱情，要我千萬別理會搭訕及邀約，
她还看了一下我的背包，確認不会太容易讓扒手有机
可乘，又輸入手机號碼......才放心讓我出門。

真实，住在塔克辛（Taksim）庢場附近
真的很棒，因為交通很方便，去哪
兒都行，我今天的路線是由塔克辛
庢場一路走到 Galata 橋，再过橋到
对面的耶尼清真寺去，逛了埃及市場。

ayran
(艾芝)
一种加了
塩的优
格飲料
75000D
白色

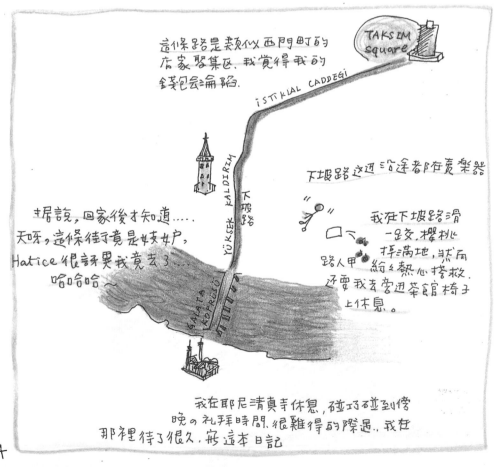

TAKSIM
square

這條路是类似西門町的
店家聚集区，我覺得我的
錢包会淪陷.

ISTIKLAL CADDEGI

YÜKSEK KALDIRIM

下坡路

下坡路这边沿途都在賣樂器

我在下坡路滑
一跤，櫻桃
撒滿地，然而
給々熱心搭救
还要我去旁边茶館椅子
上休息。

路人甲

據說，回家後才知道.....
天哖，這條徒行竟是妓女户，
Hatice 很訝異我竟去了....
哈哈哈～

GALATA KÖPRÜSÜ

我在耶尼清真寺休息，碰巧碰到傍
晚的礼拜時間，很難得的際遇..我在
那裡待了很久，寫这本日記

我在耶尼清真寺裡稍事休息，這個清真寺每個人都可以進去，得先在門口脫鞋，然後從門口的木箱自己找個塑膠袋裝鞋子，然後拎進去。我在清真寺裡待了很久，裡面的氣氛安靜而詳和，昏黃的燈光，精緻的裝飾，因為伊斯蘭

光腳ㄚ的我，踩在清真寺的地毯上，心裡真實在擔心：天哪！这有一千萬人踩过吧～。

教不崇拜偶像，所以他們用花草圖案及幾何圖案來裝飾清真寺，我被眼前所見的芸術美感深深震撼。

耶尼清真寺的磁磚

伊斯蘭教徒每天祈禱五次，分別是：

| 破曉 | 中午 | 下午 | 日落 | 晚上 |

時值下午五點左右，正是伊斯蘭教徒做禱告的時間，時間一到，行來廣播的聲音提醒大家，莊嚴而慎重，人們魚貫地進入，女生和男生是分开祈禱的，連遊客也被用一條拉起來的線隔開，我在清真寺裡待了很久，直到整個儀式結束……沉浸在宗教的氛圍之中。

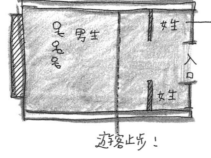

聖龕

男生

女生

入口

女生

女生只能在被用木格子板隔開的區域祈禱。

朝向麥加方向

遊客止步！

WANTED
Geroge.w Bush

FOR CRIMES AGAINST
HUMANITY AND THE PLANET

回程我搭了電車，因為回塔克辛廣場的那段上坡路太陡峭，更何況我來的時候還跌了一跤⋯⋯，這是伊斯坦堡最短的一段地鐵，早在1875年就已經建造了。在回家的路上，我又看見了那張有趣的"懸賞布希"的海報，布希前幾天到土耳其參加北約組織会議，然而据我所知，大部分的土人都不喜欢他⋯⋯。

因為要在伊斯坦堡待一個月，我必須解決我的交通問題，之前在LP上讀到可以購買通行券（Akbil），哈！怪異且可愛的通行券長得真像是一個開

好可♡的車票喔！

Akbil
通行券

罐器，大小和鑰匙差不多，在伊斯坦堡幾乎人手一個，我在塔克辛廣場旁迅買到了一個，必須先付押金6 million買一個"空"的通行券，再付錢儲值增加點数，以後不論坐公車 or 地鉄就会逐一扣款，和台北的悠遊卡一樣，有一天如果要離開伊斯坦堡，可以把這個"開罐器"拿去退錢。

買通行券小法宝　　1°"空"的通行券　boş akbil
（可麻在紙條上）
　　　　　　　　　2°儲值　Nerede doldura bilirim?

16

7月4日（日）睡到自然醒

茶、茶、茶... 土耳其人一日不可無茶。

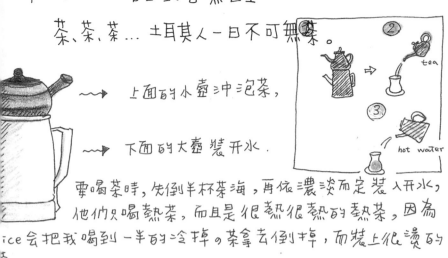

→ 上面的小壺沖泡茶，

→ 下面的大壺裝开水．

要喝茶時，先倒半杯茶海，再依濃淡而定裝入开水，
他們只喝熱茶，而且是很熱很熱的熱茶，因為
ice 会把我喝到一半的冷掉o茶拿去倒掉，而裝上很燙的
茶。

昨天逛埃及市場時，我發現這裡的茶壺很奇特，他
們把茶壺分成上壺和下壺，Hatice 家的茶壺也是這樣，
原来，土人煮茶的習慣和我們不同……，而且他們是
用一種鬱金香造型的小茶杯来喝茶，土人对方令甜
食有疯狂的熱愛，喝茶時，得把小碟子裡的2顆
方糖全都加下去才行。

鬱金香形狀
小茶杯，在土
耳其隨処可
見。

其實我也很想嘗試土耳其咖啡，但
至今我仍未嘗試，因為在Hatice
家中都是喝即溶咖啡，不管是
哪一種牌子的即溶咖啡，土人
一律稱之為 Nescafe（雀巢咖啡）。

這種鬱金香形狀的小茶杯真可愛，等我離開土耳其的
那一天，一定要買一套茶具，包括茶托盤配一整套的杯、
盤、湯匙……，有些鑲上金迅的杯盤十分好看。 17

希米(Simit)

今天的早餐是坐在土耳其常見的一間連鎖店 Simit Saray (Simit是一種麵包的名字,至於 Saray 則意指"皇宮"),這種麵包外硬內軟、灑滿芝麻,十分美味。

每次在路邊都一直看到像體重計的東西旁了 Tartı 的牌子,然後標了价錢,大概 20 萬吧!

後來,我才知道這真的是體重計,天哪!土耳其人真是啥生意都能做!

坐在店裡向外看,瞥見窗外的麥当勞,一個霜淇淋是 750000 T.L (T.L 意指土耳其里拉),其實似乎和台北的物价差不多,據說在塔克辛广塲旁的這間麥当勞是全土耳其第一家麥当勞,永遠人滿為患。我和 Hatice 聊起擦鞋童的事情,她說那些在街頭討生活的小孩应該是從其他貧窮的鄉村地区來的,土耳其國土广大,貧富亦有差距,而許多貧窮人家並不懂得節育,孩子愈生愈多,這是广大鄉村的狀況,而大比的鄉村人民挤入大都市謀生......,這不禁讓我想起了以前看过的一部電影——中央車站,談的是巴西里約的都市寫照......,想到此,心情不禁沉重起來,唉～難怪土耳其失業問題很大,連"量体重"都可被当成職業。

土耳其的婦女生育孩子的真的其實不少。

18

雞捆（lokum）
一種土耳其甜食，長
得像新港飴的一
种軟糖。

incir
無花果

這是今天在菜市場学的新單字，
原來我之前在台灣時從書上
查到的新鮮無花果就是
這個呀！自從 Hatice 指樹上的
無花果給我看之後，我在菜市場又看到，
於是趕快努力去查土文字典。

kiraz 櫻桃
夏天，是櫻桃的季
節，十分便宜，我買了
一公斤，才台幣60多
塊，多到吃不完，
真是超大享受

相机！

我們在台灣常吃的水
煮玉米，在當地
非常常見 今天就
在路上買一根，迎走迎
啃……真是美味。

今天是星期天，路上全是滿滿的人，Hatice
覺得我到土耳其之後，好像只会逛家
附近那條街，不然就是看書、或者拿著
本子鬼鬼祟祟不知在寫什廖？於是乎，
她決定今天要帶我出去玩，我們搭
了公車出城去，但公車既難找又難
等，因為据說前几天布希来訪，所以
公車路線全改了，Hatice
的鄰居說还好我晚兩天
到，因為布希来的那幾
天，大家都不能出門，生
活非常地不方便。⊹

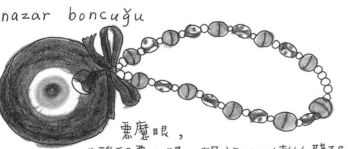

nazar boncuğu

惡魔眼，
或稱邪惡之眼，据說可以情凶避邪，造形有很多
种變化. 我買了一個～ 在 Ortaköy 區買的。(2000000 TL)

掛在車上保
平安！

19

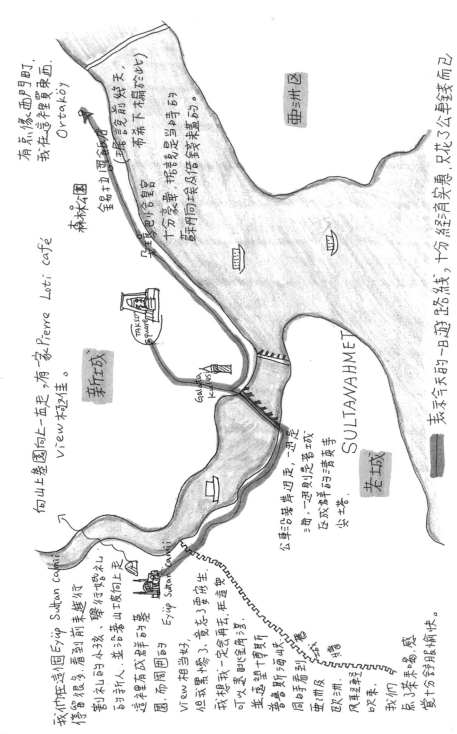

從頭黑到腳，包得密不通風的女子

其實有点像一道黑煙飄過去！

我們今天去的 Eyüp sultan Camii（Camii是清真寺之意），对伊斯蘭教徒而言，是一處僅次於麥加、耶路撒冷的聖地，所以有許多重要活動在此進行，也有許多伊斯蘭教徒前來做禮拜、聽講道演說，所

臉上洋溢甜蜜笑容，十分可愛！

也是從頭包到腳，但穿得一身白的新娘！

以在這兒可以看見盛裝打扮，前來舉行"割禮"祈禱儀式的小男生，穿得好像王子或國王，以及穿著白紗的新娘………，Hatice 向我解釋，因為那個新娘是宗教信仰虔誠的穆斯林，所以新娘禮服是從頭包到腳，但是我覺得這位可愛的新娘頰上的腮紅就像是兩朵盛開的花，她的甜蜜笑容感染了在場的所有人，我要求要和新娘拍照。那個新娘知道了我对她的讚美，笑得更加甜蜜了。然而，在此地，和全身白色形成強烈对比的，是全身包成黑色的 Hot 穆斯林，在土耳其，是屬於較開放的伊斯芒國家，不一定每個女人都戴頭巾，有時她們的頭巾和身上的衣服搭配得宜，十分好看……，有加分的裝飾效果……，然而包得一身黑的穆斯林，跟人莫名地有种哀傷感覺。21

我們在山上的墓園（有許許多多美麗的墓碑....），直走上頂，有處視野極佳的咖啡館，Hatice 說這是她最愛的景致，可以

Dolmuş
指有固定路線的計程車。比計程車便宜，比公車貴，但方便、快速。
車窗上会標明起迄站名稱，很清楚。
一次≒100.0000

TAKSIM TOPKAPI 從塔克辛廣場到托卡普皇宮。

遠望金角灣，水面上漂著土耳其的傳統輕便小舟，我查了手上的 LP，才知道原來這間咖啡館的名字是 Pierre Loti Cafe，早年著名的法國小說家 Pierre Loti 經常在此尋找靈感，在涼風襲来之際，我看著書，不時眺望遠方的海景，心上生出一種好愜意、好輕鬆的感覺。

Hatice 說要讓我感覺不同的伊斯坦堡，所以早上帶我到城外的墓園、清真寺，下午則帶我去博斯普魯斯海峽一帶晃晃，那一帶有朵馬巴恰皇宮、錫拉岡飯店（也是皇宮改建），

但我想，那割礼儀式必定很痛，但男孩却不哭！

在 Eyüp Sultan Camii 可以看見很多小孩子穿著像國王或王子般的盛裝，不知有何大事發生，原来是小孩来此進行"割礼"（割包皮吧！），而這是家中的大事所以全家出动，且就像是辦喜事一般全家出动。
男子亥通常会一直保存这套衣服。

22

還有蘇丹遊樂休閒的廈墅（一處很大的森林公園，現在是市民野餐的去處）……，這兒的氣勢果然不同，可以感受到昔日帝國之氣勢，據說上星期布希來此，就是下榻錫拉岡飯店，當時所有飯店內其他房間一律淨空。錫拉岡飯店住一晚应該很貴很貴吧！我當然住不起，不过我們去看了它的露天咖啡座，view極佳，很多人都推薦來這兒喝下午茶，不过，我和Hatice並没有去喝，和Hatice在一起，似乎很難去做一些观光客会做的事，嗯！這些观光客会做的事，就等下個月嘉芸來了之後再一起去吧

e

Lemon

得很
l准哈
g東西

在路边看到好幾百次的
攤雁販，在賣一种黑黑的，大大的蛤仔，吃時可以滴上榨檸檬汁会更加美味！（打开後，裡面除了貝類的肉之外，还镶著米飯……）

"Hatice 不希望我去路边買，她說若我想吃，她也去店裡買比較乾淨的。

沙拉，調味很讚，只用了蕃茄、洋葱、橄欖

SALT

Hatice的盤子用黃色的。

köfte
很像我们的絞肉做成的肉餅

我用的盤子，参色是我最喜欢的土耳其盎！
通心麵，稱為makarna

23

7月5日 (一) 神奇的土耳其街頭小販

　　昨天，我換在窗戶旁迅的小長條沙發寫日記。Hatice
扔3一個抱枕讓我墊屁股，她問我為何不要到桌上
去寫，我的英文破到讓我無法準確地表達我此時
此刻想坐在地上寫，我只好說喜欢坐在地上......(不
过，仔細想想，我好像真的很喜欢坐在地上，以前
在念書時代，我若不坐在地上，就記不住課本上講的
東西，連碩士論文都是坐在地上寫的。)

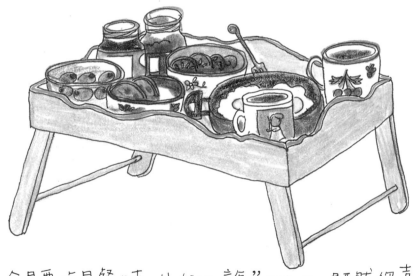

結果，今早要吃早餐時，Hatice 說 "peiyu，既然你喜歡
坐地上，那広我们就在地上吃早夕吧！於是他把之
前吃東西用的托盤拉出底下的四支腳，我吃了一驚，
好可愛的托盤呀！四支腳可收可放，立在地毯上就
可以像在户外野餐一樣。Hatice 跟我說，這是她自
己去買原木色的盤子回来上色的，我聽了好羨慕，也
說我也要一個回家塗顏色，她說她可以帶我去買。
24

Hatice 在用刷子
上色……

買一百個木盒
回來上色!
(幻想中)

其實我滿喜欢 Hatice 家中可愛且溫馨的擺設,其实,
土耳其人是重視家居生活的, Hatice 喜歡做家事,
把家裡弄得一塵不染,且她喜歡做料理,並且在
高中時代学做女紅,前幾天晚上,我們在 Istiklal Cad
逛街時,她指著一些手工刺繡品告訴我,其实那些
東西她曾花時間学習过,做那些東西必須花很
多時間及心力,像我這樣的
閒閒美黛子如果到這裡来,
恐怕会因為啥事都不会做而
難以生存吧!

Hatice 問我下午要去哪兒?
我說還没想好,我說我也
許想去街上亂晃,然而当我

其实,我是一迦悠哉地喝著
肉桂丁香調味茶.一迦寫日記。

告訴她我想去画賣冰淇淋的小販時,她聽了不
禁哈哈大笑,我想也許她会認為我是個怪喀,因為
我啥東西都想要画下来,吃東西之前還得先拍照。
……不过她倒是挺适应我的怪毛病,常常問我:

25

這是 Hatice 家中我最喜欢的舒服小角落，有很大的窗户，窗台上种了花及香料植物，有白色半透明的窗簾，陽光透進來，窗旁的長沙發椅上經常堆著我從台灣帶來的書、畫筆，不過我还沒有時間好好看書，通常都在画画。

"你想要畫嗎？"、"我等妳！"，她有時還會等我畫好了才把東西收走，她還極力向友人推薦一定得来看我寫的日記，"叫我要日記去看"這件事已成了她每日必做之事......，昨晚我因為疲倦而很多事沒画進去，她甚至還會催促我："Peiyu，你必須快一点"，或者"嘿！嘿！你今天要畫的東西好多......"。

我在 Hatice 家中看到的"邪惡之眼"小擺飾，因為顏色我很喜欢，所以我把它画下来。我覺得自己可能会買一百個邪惡之眼的東西。

26

中午的太陽太大了，Hatice 要我晚一点再出門，所以我躲在家中寫日記，她遞給我一碗点心，是新鮮优格加上自製的果醬，她的冰箱裡有很多瓶她自製の果醬，我已經試过了桃子醬和草莓醬！好天然的幸福感觉和起市買的不同。

在這裡，市場上通常可以見到很多当季的水果，吃不完的水果通常就拿来做果醬，十分天然美味，例如：桃、杏、李、酸櫻桃、無花果等……我在菜市場看到攤位有賣玫瑰花瓣，以為是来泡花茶喝的，但Hatice 告訴我說那可製成果醬，令我十分訝異，其实這裡的玫瑰十分有名，外銷到很多國家，ex：法國呢！Hatice 会製作綜合果醬，把桃子、蘋果、杏、酸櫻桃全放在一起，我経常拿来塗麵包的，就是綜合果醬。

桃子果醬
Seftali

草莓果醬
Çilek

無花果醬
Incir
REÇELI

玫瑰醬
GÜL
REÇELI

用藍子裝著的花瓣卒，放在水果攤上！

根據書上的說法，鬱金香原產於中亞（应該是波斯吧！），不过很早就来到土耳其，在很多工芸品上都可以看到鬱金香图案，18世紀時（素檀赫木每特三世在位時）又稱鬱金香時期，王公貴族為之疯狂著迷。

27

賣冰淇淋的小販總是拿著一根金屬製的長柄，然後把整團冰淇淋刺住，舉起來表演特技。

➥ 裝冰淇淋的餅乾小杯

➥ 據說這种冰淇淋原產地在 kahraman maras 這個地方 (在南部)

➥ 整個冰淇淋攤位点綴燈泡，閃閃發亮

巧克力醬可淋在冰淇淋上

其实我一直很納悶，為什庅土耳其冰淇淋長得像麻糬一樣一整团超級有彈性？还可以無限拉長，看得我目瞪口呆，

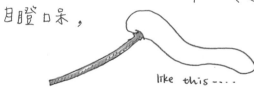

like this……

而且賣冰淇淋的小販還喜欢和顧客开玩笑，在你伸手去拿冰淇淋時，他会如同表演特技一般，突然把手上的長柄輕輕一轉，反正就是不跟你接到冰淇淋，逗得大家哈哈

Ice cream

嘿！

接不到

大笑，我觉得他们应當是有練过吧！這冰淇淋口感很有彈性，尤其牛奶口味吃起来很濃郁，我吃了2次，也被愚弄了2次。

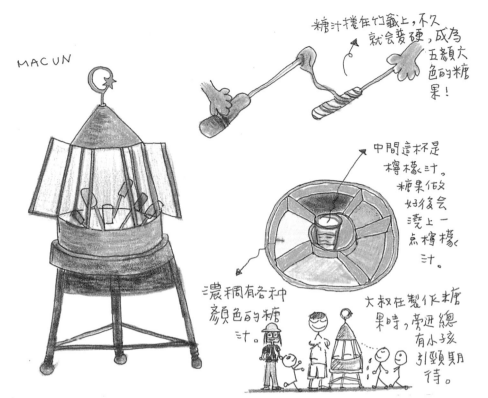

MACUN

糖汁捲在竹籤上，不久就会變硬，成為五顏大色的糖果！

中間這杯是檸檬汁。糖果做好後会澆上一点檸檬汁。

濃稠有各种顏色的糖汁。

大叔在製做糖果時，賣迎總有小孩引頸期待。

這種甜食其實是糖果的一種，我在路边看过两三次，据說是古早時候的糖果，第一次看到時，我和一群小朋友一起圍著賣糖的大叔，我十分十分地好奇，每個小朋友都引頸期待，那種渴望的表情真是可愛極了，当他們拿到現做的，如彩虹般的糖時，都露出滿意且幸福的表情，就在所有的小朋友都拿到糖之後，我正準備大步走開，但大叔把我叫住，拿起一根竹籤，為我製作了一根糖，一定要我拿著，天哪！難道我剛剛也露出了渴望的表情嗎？我回家之後，將這件事告訴了Hatice，她聽了哈哈大笑，她告訴我，其实這種糖在家也可以自己做，只要加"水"和"檸檬""糖"

即可，只是在家自製的話，並沒有加那庅多種色素，而且……，據她說，人們製作這種黏稠的糖，在從前，是為了某種特殊用途——"把糖水塗在手腿上，等它養乾養硬，可以一舉撕下來，去除腿毛，天哪！我聽了之後，

眼珠子都快掉下來了，啥呀～一想到自己在今天下午吃的糖，具有去除腿毛的功效，真是OOXX！

像我這種蠢到不行的蠢蛋，每天在路上到处亂走亂逛，東拍西拍，東画西画，路人甲乙丙大概会把我當成是神経病吧！

比如說，今天我立志要画那個賣冰淇淋的小販，我不管三七二十一，走到那條觀光客眾多的Istiklal大道，跑到冰淇淋小販对面的馬路旁边開始画画，但往于上人潮洶湧，当我蹲在路边画画時，只見一双双的腳在我面前不断穿梭，甚至只能從珍貴的空隙中去捕捉冰淇淋小販的輪廓，我蹲得腳都麻了，乾脆就給它坐下來好了，不管路人眼光，我若無其事地画画，当然，我異於常人的舉止一直

引起路人注意，我好怕他們会以為我是乞丐，甚至往我那裝色筆的鐵盒子丟錢，那就糗大了，所以，我一直畫得鬼鬼祟祟、遮遮掩掩……，然而一直有人在偷瞄我的圖，後來有個日本女人經过，用日語問候我，我說我不是日本人，呵～她的英文真像是台灣國語版英文，她表示她是一位作家，現居土耳其貝加蒙，要我有机会去找她。

今天買的 pilav 裡面加了鷹嘴豆！

pilav (米飯，炒过的)

免洗匀具的盒子，路边攤買的，不要太过於挑剔

 ＋

一盤 pilav 和一杯艾芏 (ayran)
才 500000 T.L而已。

喝完之後，相信我，底下剩下很多残渣，倒扣在碟子上，可以進行占卜。

据說，上土耳其咖啡時，会附上一杯水，知喝一口水，再喝咖啡。

Hatice 通常都半夜2点才睡，今晚我还是繼續寫我の日記，她為我煮了一杯土耳其咖啡，土耳其咖啡的煮法是直接把咖啡粉倒進小壺中煮，她煮好之後，把咖啡端給我，順便把壺拿給我看，說 "peiyu，我想也許你想拍照……"

然後，從廚房拿來一個美丽托盤，幫我布置一個美丽場景。

31

今晚，我和Hatice坐在客廳的地毯上討論土耳其有哪些地方好玩？我在出發之際把一堆書塞進我的行李，Hatice 喜欢和我一起

閱讀圖片為主的書，因為她可以一迅指著圖片一迅講故事給我聽，我覺得通英文的 Hatice 對我而言，就像是一本活的 LP，要問什麼就有什麼，而且資料是最新的。

明天要開始遊學課程了，天哪！我開始有了懶惰的想法，因為如果可以這樣每天睡到自然醒，慢吞吞吃早夕，乱逛乱画，這樣的生活似乎不壞。土耳其文那麼難，唉～我可能沒几天就逃学了，雖然 Hatice 說她每天会幫助我複習功課……。

其實這几天，我已經習慣講英文了，不过我的英文根本是爛到一種境界，但是，比起完全聽沒有的土文，英文顯得親切許多。（Hatice為我泡了助眠的藥草茶，要去睡了！）

Any time is çay time. "

常看到路上有茶館的人拿著托盤到处送茶，我回台灣時，一定要去買一組，今天去遊埃及市場時，还特地去比了价錢。

7月6日(二) 開始上學

Karpuz (watermelon)

西瓜在這裡是很常見的水果，常看到商店外放著成堆的西瓜，當我正吃著冰涼的西瓜時，Hatice 告訴我，她們在吃西瓜時會搭配 白起士一起吃，是絕佳美妙的吃法。喔～難怪我的LP上食物那欄硬是把水果類的西瓜跟 cheese 擺得很靠近，當時我就覺得百思不解。把西瓜和 cheese 分開擺，一片西瓜，一片起士，美味極了。

昨晚在看 Hatice 的照片，她從前養了一隻凡貓，凡貓原產於凡城，不過據說現在在土耳其已經很少見了，特点是一隻眼睛是綠色，一隻眼睛是黃色，十分特殊，它是一隻会跳入水中游泳の貓，以前在凡土城的凡湖中。可以看到凡貓游泳的踪影。Hatice 說在我

van cat

們附近的巷子有一隻流浪貓，街上的人都会餵牠，也許我有机会可以遇見這隻貓，遇見這种在村上春樹小說中提到的苯貓，想看凡貓不一定要去凡土城看呵～

幻想会在附近巷子工了遇凡貓，我又在做夢了

33

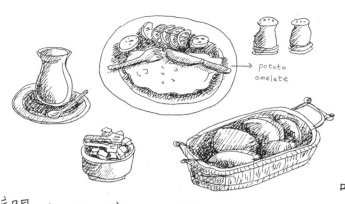

potato omelete

今天是我上学的日子，唉！真擔心，我和 Hatice 一起去家附近的咖啡館吃早餐。

這間咖啡館在一個很不起眼的下坡路的角落，四周是濃密的樹蔭，十分涼爽，景致小巧可愛，在這兒吃早餐，心情好輕鬆。四周有好多可愛的小貓跟小小貓，因為 Hatice 們吃麵包不斷地餵牠包而聚集過来，好可愛喔！

丟麵包！

一迅吃早夕，心裡卻一直在擔心等一下要去換錢交學費再趕去学校，不知会不会来不及？呵呵～也許我要提醒自己，這裡是土耳其，不是台灣，我不必想著要把每一分每一秒用到極致，也不必想著今天一定要做什应？一定要去什应地方？在台灣時，緊張忙碌的生活令我無法放鬆，而現在的我，应該要放鬆心情，放慢腳步，我只要到處遊蕩就好，沒有什应事是必須仰別人交代的，只要做我愛做的事、記我愛記的東西就好。

今天是我第一天上学，我有11位同学，上学的第一天似乎不太順利，因為班上同学大部分是有土文基础的，而我卻只会独一無二的一句招牌話"Merhaba!"（英文hello!）而已，只要碰到需要对話的時候，我只会表現出狀況外的樣子，像蠢蛋似地從頭"Merhaba"到尾，真是夠了。大部分同学来自日本及韓國，只有我講中文，土人稱中國是"秦"（chin），

35

所以我被稱做 "秦人" (Çinliyim)，我覺得自己真是遜斃了，平常在當老師的我，現在成了學生，坐在台下竟然心驚膽跳，怕被老師叫起來對話。明天我不要來了，學費就當做是捐出去吧！坐在我隔壁的日本及韓國同學英文火爛到爆，無法與之交談太多……（咦？我竟開始自豪起自己的英文程度了！），不过後來有個英文流利的日本女生綾子偷瞄我画画，來跟我搭訕，然後叫同學來聽我解釋我的日記，然後一直尖叫 "好可愛喔！"，後來只要老師叫我上台對話，她們就一直說 "かわいいね"，害我頓時覺得好害羞。

汗　我好緊張　かわいい　かわいい　かわいい

昨天上語文課被一群日本同學包圍，說好可愛。

a concert on the street

在回家的路上，我沒搭車，一路走回去，在Istiklal大道上看到有人在用古老樂器。在進行演奏及演唱，應該是通俗民謠吧！在場很多人都跟著哼唱，我開始在大庭廣眾之下畫插畫，有個外國人原本是在為歌手拍照，後來竟然開始拿起相机猛拍我～天哪！害我趕緊構圖之後趕緊溜走。

fireworks

從Hatice家中陽台看出去的夜景！

köfte
rice
Tomato
pepper
yogurt

回家的路上会經过庂場，庂場上好熱鬧，每個人手上都拿著汽球，我一心一意想趕快回家吃飯，也沒理会。從家中的窗口望出去，可以看到美麗繽紛的煙火，因為奥運聖火今天傳遞抵達土耳其，我把頭伸出窗外，盡情欣賞欧亜交界海面的繽紛夜景。

我好想念台灣食物，Hatice今天特地做了像中國炒飯的東西給我吃，我去買了"EFES"這種土耳其当地的國產啤酒，這瓶500ml的酒要价1260000 T.L

EFES
PREMIUM BEER
SERVE COLD

7月7日(三) 先左迅？再右迅？土人的禮節。

在土耳其,会感受到人脚人之間的熱情,他們習慣擁抱、親吻....,不过如果我是土耳其小孩的話,应該会覺得

很無辜吧！因為每個人看見小孩時,都会忍不住往他臉上捏上幾下,即便覺得很痛,应該也說不出來吧！

在這裡,熟悉的朋友在見面時,会先擁抱、然後碰觸臉頰,先左迅！再右迅......,天哪！這对左右不分的我而言,真是件糟糕的事,我对 Hatice 說,我覺得我可能会害自己及別人撞得滿頭包。

若是小輩遇到長輩的話,小輩必須先執起長輩的手親吻一下,再將長輩的手舉到自己額頭上碰觸一下。呵呵～我告訴 Hatice,我們中國人是不輕易碰觸別人的身体的。

38

今天起了個大早，窩在床迅寫日記，可是愈寫愈心虛，因為我昨天忘了帶錢去買課本和作業簿，所以昨晚我自己給自己放假，假裝沒功課，但我愈想愈心虛，很怕老師今天要叫我對話，或檢查我的功課，於是請 Hatice 趕快幫我惡補一下，我才敢去上學……。但是等我去了学校，老師要我們打開家庭作業，他要我一題一題回答，我向老師說我剛～才買新作業簿，所以昨天沒寫

功課，但老師仍絲毫不俼貼地要我回答，我只好一直偷看隔壁日本同学綾子的，好顏面無光。

在我眼中，住在一天60美元的旅館的綾子，就像是住在皇宮裡一樣。她總是那麼地優雅。

39

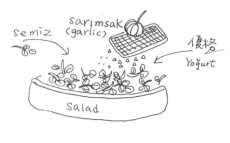

semiz
sarımsak (garlic)
優格 Yogurt
Salad

Hatice 很喜欢做料理,但不喜欢洗石窝,所以由我負責囉!

before...　after...

今天的晚乡,Hatice 做了 börek,(她是用一種稱做 Yufka的薄餅皮,包餡後,就是 börek!),沙拉中加入的 semiz 植物,是她去野外採的,她还在沙拉中加入了优格,蒜泥,土耳其人十分喜♡把优格和許多東西搭配著吃。

這頓晚餐我吃得超級無敵飽,但 Hatice 一直要我多吃,在土耳其,客人的地位是很重要的,所以主人很怕客人吃不飽,所以只要有客人来,主人会盡可能地準備丰盛的大乡,如果主人準備很簡單的食物,客人会以為主人不喜欢他……

但,我想在這樣的热情款待之下,我不怕死扥怪。

再来講一件蠢事,之前,我心中常常很納悶,因為不管是 Hatice 或者是別人,常常对我說"come on! come on"!真是一頭霧水,後来我才弄懂,他们說的是"tamam"是"OK"的意思啦!好笨!

tamam…
tamam…
why?
come on?
what?
come on? come on?
come on?
come on?

7月8日(四) 土耳其甜食の体驗

Hatizce
Ben....
想裝作是凡貓的白貓　Van Cat
李子　這李子是從 iatem 婆婆家的李子樹上採來的，我吃了一堆。
erik(plum)
Benim adim Seheaş. Senin adin ne ?
Nasilsin ?
Sen nerelisin ?
→ 叫做 Seheaş 的女人。
iatem 老婆婆。(月亮)
名字很長，很難記的婆婆。

我實在很難想像我的土文会話練習，竟然是和一群土耳其女人在一起閒話家常，她們对我十分好奇，也很想一窺我的

日記本子，而当他們今天知道我在語言中心学土文之後，就迫不及待对我展開会話練習，而且樂此不疲，我的老天！我就這樣一群女人圍著，不斷地用土語問：「你是誰？」「你幾歲？」、「你來自哪裡？」「你好嗎？」．．．我的鄰居個個都成了我練習土語的老師，這是晚上去樓下乘涼的附加价值，真是始料未及呀！其中有個月亮婆婆，一直說我很可愛，然後用手捏我的臉．．．把我当成小孩子一樣，她說希望我趕快学会土文，下一回來土耳其時，可以嫁給她兒子！哇咧！我總算了解土人の熱情了。

like this !

41

昨晚，我又喝下一杯 Hatice 為我準備的神奇魔力花草茶，早上八点起床後，我先是窩在床边寫日記，然

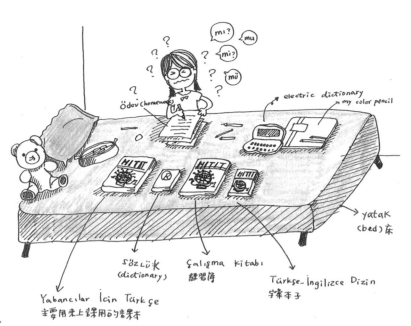

後想到我的 homework 還沒寫，就趕快拿出我的課本和作業簿，我每次要讀書時，總会把所有的文具及本子丟得滿地都是，彷彿在進行啥大工程似地，不过其实我在做的都是一些程度很低的句子，例如：「這是什庅？」「那是什庅？」。我一直在家中待到清真寺中午的廣播喚拜聲開始，提醒我該出門去上学了。
超準時。

① allahv ekber
阿拉
(God is Great)
② la ilahe illalla
(He lives forever)
③ 穆罕默得是唯一的先知。

這個人是叫做 "hoca"

chicken ？？？？ pudding

Tavuk Göğsü kazadibi
(chicken) (breast)

雞肉絲火考布丁
牛奶布丁加雞胸肉絲攪拌火共烤後做成的甜点。吃的時候可以洒上一些肉桂粉。

吃起來口感很像糍粑。

2000000 TL.

不過我一直很納悶，雞肉怎会跟布丁搭配在一起，不過，很美味啦！

吃甜時一定要來一杯茶

Tatli
（甜点）

土耳其的甜食超甜，但米布丁是非試不可的，我今天吃了，非常美味，上面可以洒上肉桂粉

2000000 TL

Sütleç 米布丁，好吃，配上一杯茶更讚。

我的旅遊書上，介紹了許多美味的土耳其食物，包括看起來很棒的甜点，我計画每天要嚐試一種，不過土耳其的甜点实在是超級甜，甜到

rose

說人覚得頭暈，我对学習語言很沒有天份，土文單字記不得幾個，可是菜單倒是可以倒背如流（汗....），我今天在点心店裡寫日記，旁边有一堆服務生在偷瞄我，一直用肢体語言稱讚我，元後，我收到了服務生用ち巾紙紮的玫瑰花，呵～好害羞。

a paper flower
from a waiter
in a restaurant

43

7月9日（五）呵呵～明天不必上学，期盼分中····

kedi（cat）

Hatice家来了一隻
朋友託付她
照顧的小貓
非常地可愛，
以往我对貓的印
象是很酷很驕傲，
可是這隻小貓非常活
潑好动，很喜欢和人玩
捉迷藏，常趁我不注意
的時候偷襲我，为了牠
的到来，原本放在电視
旁迟的鳥籠被放在高高的書架上，
因为怕小貓会去騷擾捉弄那
隻鳥····，而浴室裡也清出一
塊空地放置貓砂，食物以
及清水，不过因为牠实在太
好动，喜欢乱跑乱跳乱抓，所以晚
上睡覺時間，Hatice会把它关起来，在
籠子裡的牠是一副可憐相。

kuş（bird）

food

water

咪喃～

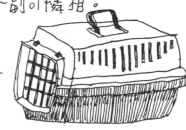

44

acma → 早好吃的一種圓的中空麵包,不过和Simit看雖相似,實有所不同。

昨晚回家時,Hatice正在用牛奶做甜点給我吃,我看了那個包裝說明,似乎是雞胸肉布丁快速調理包,後來她說她最要好的朋友 Nese 今晚要去參加一個 party,問我要不要去?而 Hatice 她有点累,不克前往,我說我聽不懂 "土話",參加 party 等於是坐冷板凳,但 Hatice 說他們会說英文,所以我就這樣莫名其妙去參加了一個完全沒有熟人的 party,Nese 是一個非常甜美可♡的女生,她是法語老師(土耳其人),在場还有法國人、英國人,不过

PARTİ (PARTY)

Nese ←
(Hatice's friend)

peach

45

今天上課被老師叫上台去背 土文数字,嚇涔出一身冷汗,驚!

7 (yedi)
5 (beş)
6 (altı)
8 (sekiz)
9 (douz)
10 (on)
1 (bir)
2 (iki)
3 (üç)
4 (dört)

Karabasan (nightmare)

還是以"土人"佔大多數,所以到後来他
仍又开始講起土文来了,然後我就像
個傻瓜坐在那裡吃東西,在場也有幾

個人会講法文跟英文,
所以這個晚上,我
就一連串"英國腔英文",
"法國腔英文""土腔英文" "正統土文"
"法國腔土文""英國腔土文""土腔法文"...◎#好,
這一連串搞不清楚的語文中度过,而初見面和道
別時,是一連串的擁抱、親吻、臉頰碰来碰去,
說我頭都暈了,因為party 結束時已接近半夜1
点,所以特別有一位"土男"護送我回家,他的英
文还不錯,所以我仍还小聊了一下中國、土耳其、
日本的不同,呵~這次party 經驗告訴我要好好
把英文練好吐。

46

在土耳其，到處都可以看到旋轉火烤肉，也就是我們在台灣稱作"沙威瑪"的東西，把交疊成串的肉烤熟之後，再一片片削下來，和蕃茄、蔬菜

手腳俐落的大叔把肉片很快地削下來。

Döner 旋轉烤肉。

等一起包在麵包裡，有長麵包，也有圓麵包。

其實我一直很納悶，到底平常看到的，那麼大一串壯觀的沙威瑪到底是怎麼串上去的？而且我很好奇到底还沒烤熟時的沙威瑪是什麼面目？今天放學之後，我特地到語言中心路口一間烤肉店去吃沙威瑪，可惜那間店因為時間很晚了，所以根本沒有壯觀的"沙威瑪"可以讓我畫，而且我實在快餓扁了，（因為連上四小時的課，而且非常耗腦力⋯⋯），所以我也不管到底要不要畫，先來個沙威瑪，配一杯艾蘭（优格加盐調味）

原本的樣子　只剩一点点肉配。

就在我大快朵頤之際，韓國同學徒夢迅經過，过来和我打招呼，呵呵～真不好意思。不过他們英文不太好，所以我們並沒有多交談⋯⋯（講這樣似乎是覺得自己英文很好⋯⋯☺）。

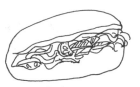

dönerkebap
夾在麵包裡的旋
轉烤肉。

因為沒有画到旋轉烤肉，我決定在
走回家的路上，物色一間旋轉烤肉
店好好地画下來，其实我也覺得自
己的行為像神經病……，比如說，
Hatice 有時会問我：「peiyu，你今
天放学後要去哪裡？幾点回來呢
？」，而我的回答通常是 "我想去画擦鞋人……" 或者
"我想去画賣甜点的……" …… 不过 Hatice 对我這种
回答也不会露出訝異の表情了，我想她大概先已經
習慣我異於常人的行為。

今天沿路走回去，最後
是決定去塔克辛広場
附近画旋轉烤肉店，
不过我先繞到昨天那個
擦鞋伯伯那兒，想拍
張照片，擦鞋伯伯

⇨ Düräm

這种称作 düräm 的食物，是用
一張园形，Q有彈性的麵皮把
烤肉片、蕃茄、洋葱等包起來，捲
成春捲的樣子。

很大方地讓我拍照，还留了地址要我寄照片給他，
我最後是在塔克辛広場最熱鬧的街口画 "沙威瑪"
，不过因為人太多了，我怕如果
我蹲坐在地上会被踩扁
所以只好站著画，這個街
口有一整排沙威瑪店讓
我仔細观察個夠。

呵呵！圖！

Döner

在伊斯坦堡街頭有許多擦鞋匠,有的很酷,竟然把擦鞋的工具箱做成清真寺の樣子。

Simit

在街頭,幾乎走沒幾步路就会看到這种賣Simit的手推車,簡單一点的是拿一個很大的盤子頂在頭項上賣。

每天去上課時,所有的同学都会向我要日記去看,為了要同時应付多國籍同学的需要,我只好在插图上盡量寫上英文註解,但這可苦了英文不好的我,每天都拼命查字典,且為了学好土文,我在寫日記時也会盡量寫上土文單字,而Hatice每天讀我的日記時会順便幫我訂正錯字,我的英國同学則負責訂正日記上的英文單字。

埃字典
SÖZLÜĞÜ
(dictionary)

İngilizce-Türkçe…
REDHOUSE
MINISÖZLÜĞÜ

REDHOUSE 這個牌子很好!

49

7月10日(六) 一個懶懶的周末

my magazine

üzüm
(grapes)
葡萄

一迅看書 一迅吃葡萄

今天不必上學，真是幸福的感覺呀！所以我自動給自己放假，完全把星期一要交的 Ödev (homework) 拋在腦後，一早起來，就窩在窗戶旁边的長沙發上看我的書，很享受地閱讀那幾本從台灣帶來的旅遊書，(不必念土文課本，真好!)，我想整理一下書上关於伊斯坦堡的資料，(天哪！我真的有職業病，啥事都要做重點整理……)，我打算不久之後就不去語言中心上課，因為我每天都好忙，整理日記的時間好有限……，以致於有些想寫的東西都沒有寫，真搞不清楚自己為什広要這広拼？好像不是来玩的，而是專程来寫日記似地……。

soğan (onion)：洋蔥

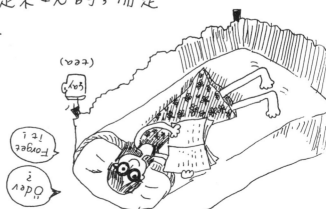

(var)
say!

Forget it!

Ödev?

instant noodles

（用著從台灣帶來的鋼杯和筷子吃維力炸醬麵，好滿足）

開始有点想念台灣食物了，所以開一包泡
麵來吃，Hatice 對於泡麵這種食物感到
十分新奇，我這次帶的行李很少，衣服只帶
了幾件，所以必須天天換洗，Hatice 覺得
我很可憐，所以送了幾件衣服給我，不
过我の行李中書倒是不少，另外还塞進幾
包泡麵解解思鄉之情。
在土耳其，人們不出門就可以買東西，比
如說 Hatice 常打電話叫
雜貨店送食物和報紙來，這種"宅
配"很有趣，因為住在高樓層的人們会垂
下籃子付
錢及收
取物品。

Hatice 送給我的衣服。

某太太把錢放
在籃子裡，然後
降下來

雜貨店小弟把東西
放进籃子

某太太又把籃子
升上去。

51

kokoreç

① 羊腸捲得像是一捲毛線。

③ 羊腸切碎後夾在麥麵包中和生菜一起吃。

Hatice 提議去坐船遊博斯普魯斯海峽,我很高興地答应了,原本我想這種「觀光客才会做的事」要等到下個月嘉芸来的時候再一起去做……,但沒想到 Hatice 也喜欢坐船吹海风,她說白天去太熱了,所以她建議可以搭晚上快七点的船,因為太陽下山很晚,所以去的時候可以看到白晝の景色,接著是夕陽,回程則可以看夜景,這個建議實在棒呆了!我一整天都懶在家裡,只等著傍晚出門……。土耳其夏季早晚溫差相当大,白天熱得要命,大家都躲在家裡不出門,可是太陽下山之後,卻有一股涼意,所以我們準備了外套。

呵~果然就像是書上所說的——"給我10分鐘,我說你橫越歐亞",我坐在船上,扶住欄干,把腳跨出去,晃呀晃~從歐洲晃到了亞洲。

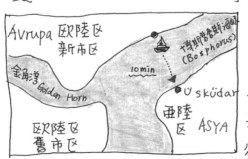

peiyu

Avrupa 歐陸区 新市区

金角灣 Golden Horn

博斯普魯斯海峽 (Bosphorus)

10min

Üsküdar

亞陸区 ASYA

歐陸区 舊市区

我在岸迅的攤子上試吃了

findik
(hazel nuts)

好喔！

新鮮榛果，得先把青綠色的外皮剝掉，剩下硬殼堅果，然後用牙齒咬开硬殼，裡頭的果仁才可以吃，然而，這卻說我覺得自己像一隻松鼠。土耳其人对於乾果有無比的狂熱，在這裡，嗑 Çekirdek (葵花子) 幾乎是全民運动，到處都充斥著葵花子小販。

在碼頭附近，看到了好多吉普賽人，賣花維生，記得以前看過好多東歐電影，吉普賽人的歌舞音樂說人回味再三，我在日記本子上画下吉普賽人，我覺得他仍無家可歸，十分可憐，所以我給了他仍愁苦的表情，但 Hatice 告訴我其实才不是呢！也对，我怎可把自己片面的想法冠在他仍身上，他們四处為家，不受拘束，也許比我快樂百倍。

唉! 我又不是吉普賽人怎知他們不快樂。

Çingene
(gypsy)
吉普賽人

应该这样!

balik ekmek
(fish) (bread)

a restaurant in a boat.

在亞洲区岸迅，有船友庁賣新鮮的火烤魚三明治，只要2百萬里拉。

53

坐船遊海峽時，可見到各
種不同建築形式的海邊別墅
（yalı）

票面价是2百萬里拉，但售票時每個人9百萬！
想必有人中飽私囊

在終点站，Anadolu kavağı，只是一個很可以的小村莊。在碼頭有很多
賣海鮮的商家。

54

MEHTAP GEZILERI

19 Haziran 2004 tarihinden itibaren her Cumartesi
kanatlanıp uşmak için Mehtap Gezilerine bekliyoruz.

GIDIŞ (TO)

18:30 Moda (kalkış)
18:56 Kadıköy (eski)
19:15 Eminönü III
19:30 Üsküdar I
19:40 Beşiktaş
19:50 Ortaköy
20:05 Çengelköy
20:40 Rumeli kavağı
20:50 Anadolu kavağı (variş)

DÖNÜŞ (Back)

23:00 Anadolu kavağı (kalkış)
23:10 Rumeli kavağı
23:45 Çengelköy
23:55 Ortaköy
00:05 Beşiktaş
00:15 Üsküdar
00:30 Eminönü III
00:55 Kadıköy (yeni)
01:15 Moda (variş)

博斯普魯斯海峽
Boğaziçi

黑海

● Anadolu kavağı
（到達此站為終點，
但因天色很黑，所以我
們沒有健行上城堡）

Avrupa
(欧陸区)

ASYA
(亜陸区)

Rumeli Hisarı

Ortaköy
Beşiktaş
Kabataş
● Çengelköy

Eminönü
● Üsküdar

在夕陽西下時，我
們大概花了一個多
小時遊覽†博斯普魯
斯兩側的风光，坐
在船上可以欣賞兩
側岸邊美丽別墅の
立面，以及遠方清真
寺尖塔創造出的
天際線美感。

這是遊博斯普魯斯海峽時看到的夜景，岸邊有人在庆祝婚礼。

第三层 甲板上有 live 音樂表演，弄得好像夜總会似地。

第二层，有5厅，可以优雅地坐在小圓桌上喝茶吃点心，船十分平穩。

第一层，有室內坐位，但view不好，我们坐在戶外甲板上的座位，視野絕佳。还会有5厅服務生送菜。

Barış Manfe

搭的遊博斯普音斯的定期船.

Piyaz 白扁豆沙拉

將晒乾的豆子泡軟煮熟，然後加上蕃茄等蔬菜

→ 檸檬，用来擠汁調味
Lemon

這是今天去迪旺街那間很有名的köfte 專賣店吃東西時点的沙拉，Hatice 点給我試的！

56

7月11日 (日) 舊城区散步

我已經來伊斯坦
堡超过一個星期，

卻还没
去过藍
色清真
寺、聖索菲亞
教堂、托普卡
普皇宮……等。
今天總算去了，否則書
上の熱門景点我其
实好像沒去半個
只会吃東西而已，
藍色清真寺の

Sultan Ahmet camii
藍色清真寺

聖索菲亞
Aya Sofya

特殊在於它的六座喚拜樓(尖塔)，以及伊兹尼克
磁磚，不过遊客实在太多了，誤我很想快
溜，而進入清真寺要戴頭巾，也不可以穿
短褲…等，在入口處可以借頭巾戴，可能
是因為這裡是藍色清真寺，所以頭巾全
是藍色的，而且是土耳其
藍，害我看了好想偷拿
一條囉！

I don't think so.

You're lucky!

土耳其人認為，如果有鳥大便掉在你的頭
上，是会帶來好運的，可以趕快去買樂
透彩券。

57

strawberry　　rose　　peach　　cappuccino　　coconut

melon　　　mint

菸草有各种口味，任君选择。

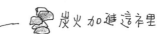 炭火加進這裡

通常這裡会包一層錫箔紙

 蘋果蜂蜜口味
的菸草看起来
黏答答。

抽一支水煙，
　　快樂似神仙！

takke
一種男性穆斯林戴的小帽
貼在頭皮上，很可♡。

nargile
(water pipe)
水煙

吸一次
6000000
T.L.

吸水煙時会製造出
雲霧縈繞之效果。

tespih
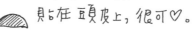
男生手上会拿一串念珠，據說
祈禱時，用手一粒一粒撥
著右。

瞧這位大叔吸水煙吸得渾然
忘我，我也很想試試，但為
了衛生問題，我覺得用別人用
过的吸嘴实在很恐怖

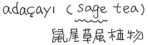

adaçayı (sage tea)
鼠尾草屬植物

可以抽水煙的茶館
Erenler Nargile Salonu
(in the courtyard of the Çorlulu Ali Paşa
Medresesi. This place is a bit cheaper.
It's an university students' hang-out. There
is a row of carpet shops down the side.

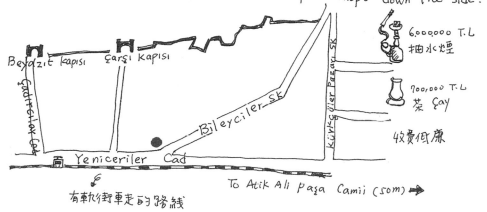

Beyazıt Kapısı   Çarşı Kapısı
Çadırcılar Cad.
Bileyciler Sk.
Yeniceriler Cad
Kürkçüler Pazarı Sk.

6.000.000 T.L
抽水煙

700,000 T.L
茶 Çay

收费低廉

有軌街車走的路線

To Atik Ali Paşa Camii (50m) ➡

這間小茶館在 LP 書上有，Hatice 說她常去，我說想看人
抽水煙（其實是想画....），這兒像個隱密的小天地，
隔絕了街道喧嘩，气氛寧靜祥和，陽光從天井

（順便去逛考古博物館的門票！）

洒下来......，来此的
人除了观光客外，大
部分是当地の男性
，因為抽水煙在过去
是男性做的事。（現
在大部份也是！），所
以茶館裡下棋聞聊
的，通常是男人。 59

7月12日(一) 鴨子聽雷的一天

Yesterday night

昨天晚上,寫功課寫到兩点多。睏死了,誰教我貪圖留在茶館打混,画那個抽水煙的老佰,結果回到家時已經晚上10点,而周休二日的功課又特別多,足足是平時的兩倍,害我寫到精神快崩潰。每天上課第一節就是檢查功課,老師總要我們輪流講答案,但超倒楣地,每次剛好叫到我時,不是那題寫錯,就是不会寫,快把台灣人的臉丟光了。

老師上課只講土文,不講英文,我連他講「下課了」都不知道,要等到大家離開座位向外走,我才会明白原來是「下課了」。今天發生更慘的事,第二節時,老師在黑板上寫下「sinav」這個字,我趕快翻我的字典,当我看到字典上寫著「examination」(考試)時,竟有種被閃电擊中的感觉,原來他上星期五有宣布今天要考試,我一聽三不懂,只会点頭回答「Tamam!」(O.K),結果大家都以為我知道了～杰!

? ??? ?
Sinav ? Sinav

what? sinav?
what's that?

SözLük(dictionary)手機

sinav → examination

öğret men (teacher)

Hangi ?　Bu ne?　lar　masa　綾子
Sinifda　...ler
? ?　...kim　de ?
@#$?

然而,慘事還沒結束,今天的測驗还包括一個猜字遊戲,一個人坐在前面,另一個人在後面黑板寫字,坐在前面的人不可以轉頭偷看答案,但可以提出問題,例如:「是什庅顏色?」「在教室嗎?」....同学們可依問題給扌提示,直到這個人把黑板上的單字猜出来為止....。可是,我這個大蠢蛋完全搞不清大家在做什庅?只覺得很奇怪,為何每個人都上台造問句?後来輪到我上台,我の同学綾子在黑板上寫下了一個全世界最簡單的土文單字「masa」(桌子),但我卻在台上淨問些风馬牛不相及的問題,例如:「那是誰?」「誰在教室?」....頓時,全班同学優眼,綫條多到不行,後来老師只好寫小抄搭救我,以免等到天黑了,还是無法結束這場遊戲。

trafik tikanikliği
(traffic jam)
交通擁擠

在伊斯坦堡生存第一要件,是要学会过馬路,在这裡,号誌灯全部是參考用,車子开得又快又兇猛,行人也不守規則,每次过完馬路,我緫覺得「如獲重生」!

61

1 N.T = 44566.3 T.L (7/1/2004)
1 million T.L ≒ 24 NT

500000 T.L

1000000 T.L ≒ 24 N.T

5000000 T.L

10.000.000 T.L

20.000.000 T.L

25000 T.L

250000 T.L

50.000 T.L

100000 T.L

50.000 T.L

記得剛抵達土耳其的那一天，我在机場
先換一点土幣，我大概只換了美金 10
幾塊吧！有点忘記了，但是拿到時，真
是当場傻眼，這是世界上最麻煩的
錢幣吧！怎么那么多零……，我坐在机
場拿出計算机开始研究，坐在我隔壁
的外國帥哥笑了，說不要管那些零了，那
实在太困難了，用颜色来認比較快。
来超过一星期後，我才比較搞清楚。
（我要保留這些錢幣給收集錢幣の学生）

62

7月13日(二) 簽名留念的一天

→Ayran
(艾蘭,加
了鹽巴的
优酪乳)
只有土耳
其的麥当勞才賣喔!

今天早上我一個人吃
早餐,Hatice沒有
吃,我以為她也不
舒服,後來才
知道原來她今天
要去健身房,不能吃
太飽。

雖然每天去上學,可以見到同學,是一件滿開心的事,可
是我真的覺得功課好多,我都跟不上大家,而且我
把念書背單字的時間全拿來寫日記跟画画,所以我
覺得自己土文根本大字不識幾個,只擅長讀菜單....,
為了多一点時間做自己想做的事,所以我決定「急
流勇退」,早日翹課吧!因為是預謀,所以我沒
跟任何人說,
不过因為同
学都很关心
我,也很喜欢
我,所以我決
定做一份「紀
念冊」,讓他
們在我的日記
本上留言,插
上一腳。

63

我的同学的姓名，及國籍。

öğretmen
Oğün Kırtıl
Türkiye

öğretmen
Aysun Aksoy
Türkiye

GO KAN Ayako
後関 綾子
Japan

유숙희
Yu sook Hee
Kore

① Dorra
Friguui
Tunus

TA HARA MA I KO
田原、麻衣子
Japan

∧∧ 이지숙N!!
Ji Suk. LEE
"Kore" hehe crou

Besma
Dhaouadi
Tunu

UE SAKA YOSHIMI
上阪 好美
Japan

Sung Eum Chung
성은 鄭 성은
Kore

Annie
Crozier
England

Jan
pamir
ENGLAND

Sofía
López
México

Tolgahan
Saylan
Turkiye

同学弟下祝福的話語！

ペイ・ウー に 会えて とっても 楽しかた！
毎日、「かわいい」日記 読むのが 楽しみでした。 Gokan ☺

ペイ・ウーと 同じクラスになれて、楽しかったよ〜。
いつまでも そのキャラで 通してね。 とっても キュートだから。 Maiko.

ペイ・ウーと 会えて一緒に 授業受けて楽しかったよ.
台湾に 帰えっても トルコの事. 私達の事を忘れないでね!! toshimi

♡ Merhaba! I don't want to ruin your
diary with my messy handwriting!
I love your diary, it's so funny!
Good luck with learning Turkish - you
are doing well! Love Jan xxx ♡

* Merhaba! 만나서 반가워요 〜♡ 더 좋은 시간을 같이보내게
도길 바랄께요 ∧∧ - 숙희 -

♡ Merhaba〜!!! ㅋㅋ 만나서 〜 되게×100 반가워요 * ∧∧*
Memnun oldum -'!'. 공부 열심히 해요〜 그렇〜!!

방가 방가. 건강하고 앞으로 성공하기를 ···
-:- Merhaba arkadaşım -:-
Good Luck and enjoid Turkey
Tu amiga Türkiye'ye hoşgeldin Pei-yu
Sofia. Seni çok seviyoruz.

Marina
Belskaya

Belarus

65

Besma Dhaouadi.
n° 4 - Cité Ettahwen. Ariana. 2041
Tunisia ..

желаю тебе добиться успехов
в изучении турецкого языка. Б.Ибрай

(我希望你能把土耳其文学得很好 →依蘭斯雷)

Pei-Yu, sen benim Tayvanlı öğrencimsin.
Sempatik bir insansın. Kendine iyi bak.
Sevgiler.   Ogün.

Merhaba, good luck with learning Turkish,
you are doing well. I hope you enjoy
Turkey, it is a beautiful country.
You are very funny.
                              Toygahan
Sizi görmek ne hoş! I'm so glad to meet you
                              Annie

Pei-yu je te souhaite une vie pleine
de réussite et de succès et je souhaite
aller à Cine un jour.

I hope أتمنى لك حياة مفعمة باللذات
و أ تمنى لك النجاح و كل لك أتمنى
future ← زيارتك Cine في المستقبل

درة Dorra 2004 جويلية 14
      in French   14 juillet 2004
العين يقين   14 Jly. 2004
حرز

asure 是一種甜点,吃起来口感很像是布丁上洒了很多乾果,人們在特別の節日做這樣食物分贈親友,Hatice告訴我这項甜点是用40种材料做成,後来,我在LP上讀到,原来,这种甜点和諾亞方舟的故事有关,当時方舟廚房用剩下的40种材料做成食物。

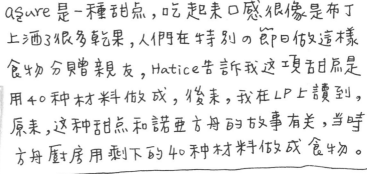

今天放学後,我坐在甜点店寫功課,(因為自己決定每天要画一种新食物,所以常上甜点店報到!跟本身愛吃也有关係!)....但寫到

後来,天空竟然烏雲密布,打雷閃电,最後竟下雨了,這是我在伊斯坦堡碰到的第一場雨,而且在完全沒有心理準備的情況下,竟然停电了!我觉得还是趕快回家比較安全,因為警車都已開上街防搶劫發生,我在狂風驟雨中拔腿狂奔,当我爬上2樓,正擔心那么黑找不到

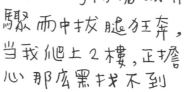

鑰匙孔,但2樓卻透出光亮,原来是Hatice点了蠟燭,打开家門,為我照亮回家的路......。

67

7月14日 (三) 和日本同学去吃大餐

marko paşa tavuk kavurma

這頓大夕四人一起吃, 每人14兩百五十萬里拉, 約台幣三百元。

orange juice

Günün Çorbasi
今日濃湯

Patlican kebabi
烤茄肉串

Beer
很扯, 啤酒竟
是用鋼杯裝

今天早上出門前, 跟 Hatice 說我今晚不回家吃晚飯, 因為日本同学們約我一起去吃晚餐, 不过因為日本同学仍個個財力太雄厚, 所以我們是去一間給觀光客光顧的夕庁, 菜單有土文, 英文, 還附了照片, 用手一指就可以了。

Biber Dolmasi 青椒鑲餡

Yaparak Dolmasi
葡萄葉包米飯

Kebab 烤肉
(綜合口味, 羊肉, 雞肉, 牛肉)

kebab pişiriyor

廚師会站在烤肉台子前表演特技, 不時燒出熊々烈火, 还有著傳統服裝的婦女現場捍麵皮、煎薄餅, 這是要誤观光客拍68照的噱頭。

裝扮像安那托力亞高原農村婦女, 戴著頭巾捍麵皮

camera

Gözleme

O.K.
Tamam
NO PROBLEM

Right? 是這樣嗎？

VISA

我好想家，特別是收到 Joy 由台灣傳來的簡訊時……。

也許是因為我快被簽證的事情弄到很煩，土耳其人做事情有個習慣，就是喜欢講「ok！」「No problem！」「Tamam！」(土文OK)，但其实根本不o.k.

啦！当初在台灣時，他仍回覆說到了土耳其再延簽絕對沒問題，結果我相信了……但事实不然，唉～好在我辦了多次入境的土簽，只好在月底先離境了！好想家，好想吃飯糰……，晚上去網咖上MSN解解鄉愁，但因為時差，沒有半個朋友在線上，傷心又沮喪。

internet Cafe@

CAMERA

竟有提供網路攝影机及耳机，好貼心！

nobady is online....

I miss Taiwan.

I miss my laptop.

I miss my car.

a message from Joy in Taiwan

好久沒有你的消息了……
製作 返回

I miss my paintings.

I miss my piano.

I miss "SNOOPY"

I miss my friends.

MSN
(on line)
(off line)

TURKEY (21:00)

TAIWAN (02:00) zzzz

7月15日 (四) 幸福滋味～中國晚餐!

今天晚夕十分地中國式,也許是因為我露出很想家、心情不好的樣子,她特地買了中國醬油來作菜給我吃。

chicken

rice

vegetable 青椒蕃茄黃瓜
(green pepper, tomato, cucumber……)

Soya sauce 醬油!

peiyu

Hatice is cooking.

④ Yogurt Salt water

cucumber 黃瓜

mint ice

(Salad)

CACIK (沙拉名字)

① chicken — stove

bread powder

vinegar

Soya sauce

chicken packed with bread powder.

② green pepper

tomato

onion

pumpkin 南瓜

蒜 garlic

SALT 鹽

oil 油

③ RICE

水 雞汁
water

Oil (a little)

70

peiyu is satisfied.

Hatice 做的中國菜餚有白米飯、炸雞腿和炒青菜，她还用中國醬油和醋混合在一起做成特調醬汁，真是太令我驚奇

Gold Medal
金牌
(good cook)

了，呵呵～一看到好吃的東西，我低落的情緒立刻一掃而空，高高兴兴地把東西吃光。我跟 Hatice 說我们在台灣常常做蛋炒飯来吃，也許我可以利用這瓶醬油做蛋炒飯給她吃，呵呵～我应該可以做得出来吧！希望別給她留下坏印象。

我看書上說，有人出来遊学会準備旗袍（party 時穿！），呵呵～我看还得準備一道拿手菜才行，另外，一首招牌歌也少不了，因為我在上土文課時学到"唱"這個動詞，老師一時兴起要我們唱自己國家的歌，天哪！一時之間真不知該唱什広？只好唱很刻的「高山青」，反正他们也不懂。日本同学送了我一個小礼物，呵～我拿出了帶来的中國結小物回贈，(呵～我真細心！)

Ben MAIKO'dan armağan ediyorum. (H get a gift from MAIKO.)
這是我的同班同学马了一万送給我的禮物，是我喜欢的顏色

friendship band
友誼繩

高山常青
綠水常流
阿里山の姑娘
美如水呀！

Peiyu şaki söyliy
佩瑜在唱歌

71

7月16日(五) Van (凡城)的浪漫愛情故事

我的土文班同学Annie是個英國人，她是個退休的高中老師，有著和煦溫暖的笑容，雖然年紀很大，但卻有顆年輕的心，她到过土耳其好幾次，去过很多地方。昨天，我拿出了我的旅遊書和她聊天，她講了一些地方，碰巧我之前做过了行前功課。所以也略知一二。呵～現在深深覚得那些功課沒有白做，因為，來到土耳其之後，提及一些比較深入的東西時，我都滿能進狀況的。昨天我們談起 VAN 這個城市，我曾在 discovery 的書上看过凡湖 (VAN LAKE) 的照片，好美，也許以後有机会去吧！Annie告訴我，在我們的士文課本中有一課是关於凡湖中 Akdamar 小島的傳說……。

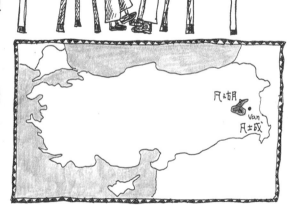

凡湖中的阿克達瑪島上的教堂
(Akdamar)

72

今天到学校時，Annie 遞給我一張紙，原來，昨晚她特地將土文課本上的凡湖故事翻譯成英文，可以看得出来她刻意用淺顯的文字，好跟我看懂，好感动……這篇故事在述說凡湖中阿克達瑪 (Akdamar) 島的名稱由来。雖然我未曾去过凡湖，但它已深植我心中。

In very ancient times Akdamar had abundant beautiful almond trees. It was illegal/forbidden to go there. There was a church here. The king/priest of the church had a very beautiful daughter called Tamara. He wouldn't allow his daughter to marry. The king/father/priest was the richest person from the surrounding area.

A young man from a nearby village was very curious about this island. He was a very good swimmer. One day he swam to the island. He was very tired and he wanted to rest a little on the shore. During this time he saw Tamara among the trees, the most beautiful girl in the world.

The young girl and the youth came face to face (eye to eye) and the two fell in love with each other. After that the two young people always met secretly. Every night the young girl lit a lamp from the shore for the youth. He swam from the opposite shore straight to this light.

73

In this way the days passed. One day, on the island the other daughter  of the priest/king saw them. She was very jealous. At once, she explained all this to her father.

 One night, a violent storm arose. The waves rose to the height of a man. Tamara saw the lake is very dangerous and because of this she didn't burn the lamp that night for the swimmer.

 The priest's other daughter went to the shore and lit the lamp. The young man saw the lamp, and at once jumped into the water and swam straight to the lamp.

However, after a little while the she put out the light. The young man lost his direction in the dark night and he didn't reach the shore. At last, he exhausted all his strength. He needed help and he shouted out "Ah, Tamara!" But the waters pulled him down.

Hearing his cries, Tamara ran at once to the shore. But by then only silence. Thinking that he was dead, she too jumped into the water. So from that day on people said "Oh! Tamara", which was changed to "Akdamar" over time.

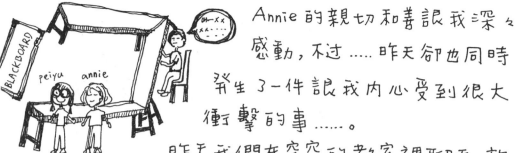

Annie 的親切和善讓我深々感動，不过……昨天卻也同時發生了一件讓我內心受到很大衝擊的事……。

　　昨天我們在空空的教室裡聊天，放學了，所以教室裡只剩我和 Annie，後來有人進來教室，告訴我們說這間教室等一下有德文課要上，我們立刻表示我們会馬上收拾東西離開，但就在我們離開之際，那人坐在座位上，咕咕噥噥地不知在說什庅，我沒聽清楚，也不引以為意，

everyone is equal in this world.

但事後，Annie 卻面色凝重地告訴我，那人用了一個很沒禮貌的單字在說我，是一個很不好的單字，類似動物之類地……，我聽了覺得很訝異，卻也隨即明白是怎庅一回事，我知道，在這個世界，有些西方人自己認為他們是世界的中心，他們認為西方文化是世界文化的起源及核心，所以他們看不起東方人，認為東方人落後、野蠻、無知，他們把黃种人看做未進化の人猿一般……，我為那人感到悲哀，他的眼界如此狹窄，其實文化沒有上下之分，每個民族文化都有值得我們欣賞之処，我反省自己，期許自己用更寬宏、更公平的眼光去看待這個多元的世界，這是旅行帶給我的反思。

75

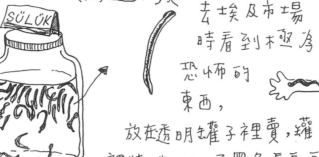

7月17日 (六) 逛逛街 (埃及市場、有項大市集)

去埃及市場
時看到極為
恐怖的
東西,

SÜLÜK

放在透明罐子裡賣, 罐子
裡裝滿了水. 而黑色長長的
虫就攀附在罐子內壁,
看起來是恐怖極了, 但 Hatice 卻跟
我說, 人們買這种長條虫回去, 放在自
己身上讓牠在皮膚上爬, 據說牠会吃掉
皮膚上不好的東西, 一條蟲要一百萬里拉
(台幣約24元), 但是這種行為光是用聽

terrible!

的, 就讓我覺得起雞皮疙瘩, 不过我還是拿起相
机把它拍下來。 埃及市場這附近, 就像是大批發一
樣, 比如說某條街賣廚房用品, 某
條街專門賣旅行箱跟包包····等, 是
當地人常去買日常生活用品的地方,
我已經來這個地方三次了, 每次都
覺得逛不过癮, 都覺得自己一定

一個 2500000 T.L

還会再來, 比如
說今天和 Hatice
一起去飾品批

蘇丹的拖鞋!

一個 500000 T.L

76

發店，很多藍眼睛的小吊飾都很便宜，可以在這裡買，絕對比在其他地方買來得便宜，因為很多賣紀念品的小販，都是來這裡批回去賣。所以我買了8個藍眼睛，一個大概台幣五、六塊吧！還有2個土耳其傳統鮮豔拖鞋の小磁鐵，一個差不多台幣12塊左右…不过，我还有一個半月的旅程，怎应就開始買紀念品了呢！

在埃及市場裡，看到一堆男人無所事事地站在路边聊天喝茶，还自己拿了椅子在路边坐呢！我看了好驚訝，因為把自己家的椅子都搬出来在路边坐，這实在太誇張了，但 Hatice 跟我說那些男人其实是在事工作，因為很多人会要到

這個長得像椅子的東西，其实是他们用来支撑重物的。

埃及市場這裡来批發東西，通常一次都買很多，所以需要有人协助搬運，所以那些男人是在手著打零工，但憑自己の勞力做事，總比游手好閒来得好。
（Hatice 帶我去專賣寵物的一区，但沒看到凡貓，只有安卡拉貓）。

I am Ankara cat, not van cat.
我是安卡拉貓
不是凡貓

77

在路上看到有人拿一長串白色的東西在賣，不知道是什麼？Hatice 跟我說是天然口香糖，但她不曉得是什麼東西做的？反正就是天然的就對了，她掏出身

Bu ne?
(what's this?)

chewing gum.

上的銅板說要買一個給我試一試，她把銅板遞給賣口香糖的老人時，老人就從口袋裡拿出剪刀，剪下一個口香糖給我，好新奇，但我

cut it !.

Wa!

⇨

送進嘴裡，嗯～果然是天然的，因為

無糖、無色素，也無香料，完全一点味道也沒有，我沒嚼多久就覺得很無趣，就趕快吐掉了。後來又走沒多遠，又看見賣櫻桃汁的小販，一身紅白相間的鄂圖曼勁裝，這一次，我就沒說我想喝喝看了，因為根據旅遊書上寫的，這种櫻桃汁味道很淡，可是顏色卻鮮豔無比……，可是我好想拍照喔～．經過詢問，他很爽快地答应了，不过因為市場裡好擠，我在拍照時都快被踩扁了。

cherry juice.

78

→ 按鈴鍵

Bu ne? (what's this?)

1°

2°

ccc~~push it!

3°

Evet, Evet...
what do you want?

in tea shop

在遊"有頂大市集"時，
Hatice 指著牆壁跟我
說「看那邊，你猜那
是什麼？」，他說那是
對講机，因為土耳其人
一天不可無茶，隨時都
在喝茶，所以在"有頂
大市集"中的牆壁上有
對講机直接跟茶館
連線，甚至有些店家是
直接跟茶館買代幣......，我聽
了覺得十分有趣，然後就很好
奇地問：「該怎麼用？」，但是，
在 Hatice 还来不及開口時，我
的手已經很自動地往對講
机的按鈕......，然後對講机
就传来茶館伙計的聲音..."Evet
, Evet...... 」，嚇得我不知該怎麼
辦才好，像做錯事の小孩
拔腿就逃。

汗！

......run away quickly.

79

kina粉加一点水, 然後塗在你想到要染色的地方!

其实顏色有些跟人覺得不可思議, 但若買回去当顏料似乎很西告。

kina (可納)

在逛市場時, 看到一種綠色的, 叫做 "可納" 的粉末, 據說是一种染料, 攪和水之後塗到手上, 会變成紅色, 婦女們会用它来染指甲和頭髮。

Bu ne kadar?

這多少錢呢?

雖然決定不去土文課了, 但实用的土文还是得学個几句, 比如說買東西時, 可以用土文問:「多少錢?」另外, 我還牢牢地記下了土文的數字說法, 假裝自己是一個還頗内行的观光客。

1 bir　　2 iki　　3 üç　　4 dört　　5 beş
6 altı　　7 yedi　　8 sekiz　　9 dokuz　　10 on

不过今天我做了一件大失策的事情, 那就是我買了一套杯子和茶盤, 就在賣廚房雜貨的攤子上, 但我完全没有顧慮到下個月我还得拖著行李去旅行一個月, 不过Hatice說我可以把杯盤寄放在她家, 等旅行結束, 再回伊斯坦堡拿取。

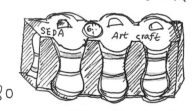 →

一組6個杯子, 加上茶盤, 共1000000 T.L (約150 N.T)

80

"有頂大市集"集合了好幾千家商店，巷道以屋頂加蓋，我一進去，立即就迷失方向，頭昏眼花，其实我不喜欢"有頂大市集"，雖然這兒的確有些滿精緻的商品，但是這裡太太太商业化了，而且東西都不標價，若是观光客要問价錢，他們起初先抬高价錢，等客人轉頭想走時，他们卻又趕緊降价，在這兒買東西就像是打間諜戰，人與人的关係是不信任的，我不喜欢那种感觉，那种感觉太累了。所以我比較喜欢逛埃及市場 (Mısır Çarşısı) 旁边的街道，在傳統的，当地人常去的市場裡尋宝，才是樂趣所在，這個在埃及市場旁边的批发市場很棒，我还要再去狂買。

yogurt

今天の晚反，Hatice特地煮了米飯，配上買来的火烤雞，不过米飯旁擺了一大塊优珞，在台湾，如果这樣配著吃可能怪怪的，但這裡是土耳其。

kızarmış tavuk
烤美隹
chicken

Tomoto

土耳其人烤雞的方式，就是台湾的"銅盤雞"！

I am full at any time.

7月18日 (日)
迴旋舞

教徒從下面那個門入場

吹奏土耳其傳統樂器的樂手坐在這裡。

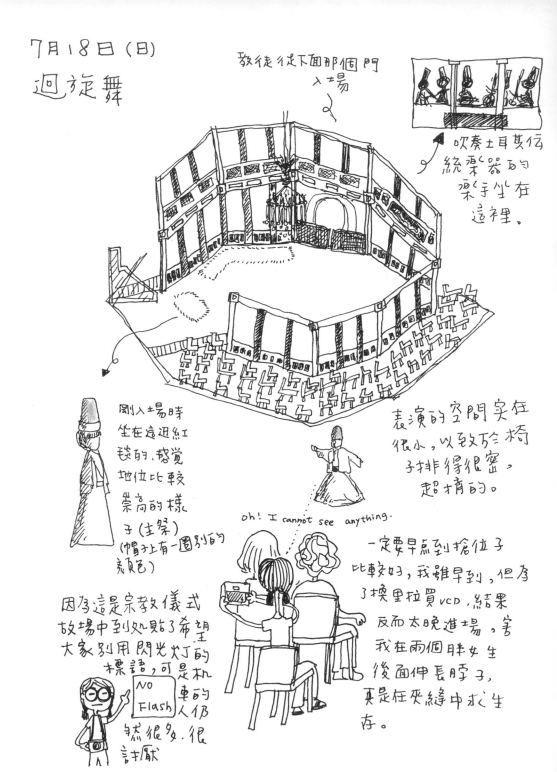

剛入場時坐在這迎紅毯的,感覺地位比較崇高的樣子(主祭)
(帽子上有一圈別的顏色)

oh! I cannot see anything.

表演的空間實在很小,以致於椅子排得很密,超擠的。

一定要早點到搶位子比較好,我雖早到,但為了換里拉買VCD,結果反而太晚進場,害我在兩個胖女生後面伸長脖子,真是在夾縫中求生存。

因為這是宗教儀式故場中到處貼了希望大家別用閃光燈了的標語,可是机車的人仍然很多,很討厭

NO Flash

1°

駱駝色高帽, 高帽象徵有墓碑之意。

教徒入場時身穿黑衣, 黑衣意味死亡

整個完整的儀式是包括唱詩歌欠. 祝禱. 音樂及舞蹈。

在主祭誦讀可兰經經文及完成祝禱之後, 教徒便脫下黑袍, 隨著樂隊的演奏開始逆時針方向旋轉, 達到忘我的境界。

莊嚴表情難以描繪, 只能留白……

互相行礼, 有邀請意味

脫掉黑衣, 露出純白的裏衣

一開始, 双手合十抱胸, 开始旋轉

不斷地旋轉, 双手放开, 逐漸伸展

右手手心朝上

左手手心朝下

右手朝上, 表示接收上天所賜的能源, 左手朝下, 表示將能源回歸大地, 而身体不斷地旋轉象徵著運轉不息的行星。

83

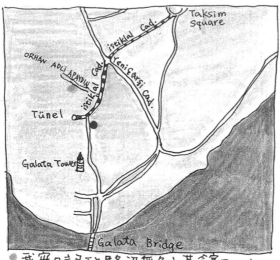

● 我寫日記的路邊無名小茶食店 Tea shop
● 觀賞迴旋舞的博物館

對於迴旋舞的最初印象,是來自於之前看的一部法國電影「偶然與巧合」,一個女舞者,在意外失去丈夫及兒子之後,回到丈夫的出生地——土耳其,影片中的一幕,女主角與僧侶一同不斷地旋轉....旋轉......,那幅畫面一直停在我の腦海之中,我開始搜尋有關迴旋舞的資料,也希望到土耳其時,可以觀賞迴旋舞。迴旋舞不是舞蹈,而是一種宗教祈禱儀式。蘇菲教派(sufi)起源在土耳其中部 Konya 這個地方,創立者為 Jelaleddin Rumi,每年12月在 Konya 都會舉行盛大的 Mevlana 慶典,有迴旋舞表演,現在在土耳其很多

Sema

Cremony & Sufi Music Concert
Every month second and
last Sunday
May - October: 5.00 pm
November - April: 3.00 pm

MEVLÂNA EĞİTİM ve KÜLTÜR DERNEĞİ
TASAVVUF MÛSIKISI ve SEMA TOPLULUĞU
Tasavvuf Mûsıkisi Konseri & Semâ Töreni
Sufi Music Concert & Semâ Ritual
Onurlandırmanızı rica ederiz.
MEVLÂNA EĞİTİM ve KÜLTÜR DERNEĞİ
Tarih / Date :
Saat / Hour :
Yer / Place : Galata Mevlevihanesi, Divan Edebiyatı Müzesi
The Museum - of Divan Literature
Galip Dede Caddesi, Tünel - İstanbul
Information : Tel 0.216.336 16 62 - 349 11 14
0.212.245 41 41
Fax 0.216.336 02 62
Gsm 0.532.686 82 12
www.mekder.org   info@mekder.org

84 博物館前的海報

迴旋舞門票,一張 20.000000 T.L,昂貴!

（看完迴旋舞後.
我在路边無名小
茶館寫日記！）

地方都可以看到迴旋舞的表演，可是絕大部分都是观光性質，而非正統宗教祈禱儀式，不过我住的塔克辛廣場附近の一間博物館有迴旋舞の演出，是正統的祈禱儀式，不过場次不多，必須先訂票

圈圈圈1000000 い.し（3杯一百高TL）

比較保險，我提早好几天去買票，据說座位有限，必須早一点去搶位子，因為演出前半小時就可以入場，所以我特地提早半小時去搶位子，但……，在入口看到他们在擺攤子賣迴旋舞 VCD，之前我答应同事要買，但找了好几家唱片行都一無所獲，於是我当下決定

有关迴旋舞之 information
演出時間：每個月的第二個及最後の星期日
　　　　　5月~10月：5:00pm 开始
　　　　　11月~4月：3:00pm 开始
演出地点：在左手边的門票上印了地址，
　　　　　右上方有地图標示。位在
　　　　　The museum of Divan Literature
　　　　　這個博物館就对了！

迴旋舞 VCD 15000000 T.L

85

要立刻買！但我身上的里拉卻又帶得不多句，我只好衝回店場附近換錢，趕來趕去，累死我了！而且害我坐到了一個爛位子，因為場地真的好小！不過，即使我的位置很糟，但我仍然可以很清楚地看見教徒臉上的表情，他們垂下眼瞼，臉上有种恍惚的神情，似乎陷入了催眠狀態中，但那是一种莊嚴、神聖、喜悅的表情，彷彿已和上帝達成了溝通……，迴旋之後……，停止……，回到主祭面前行禮，再慢慢迴旋出去……，如此一再反覆……，而我的内心，充滿了平靜的感动，雖然票价不便宜，但我很想再看一次，在步出博物館後，去書店翻了蘇菲教派創始者Jelaleddin Rumi的詩歌，他希望透过某些方式，例如歌謠或舞蹈，找到與上帝神祕結合的方法，雖然我英文超破，但我仍仔細閱讀了那些詩歌，一种觸动心弦的奇妙感覺。（另外一定要記上一筆：其实博物館正对面右边

今天又試了一種新食物，叫做"TANTUNi"，有一個超大圓鐵盤，在中間凹洞把肉類混著炒，炒熟就掃到边边，可以选擇用麵包或圓餅皮夾著吃！

250000 TL

的CD店就有賣迴旋舞VCD，而且只賣10.000000 TL，真是怒！）

86

7月19日(一) 去買安卡拉快車的車票

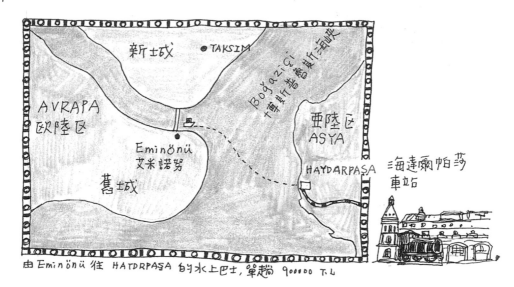

新土城 ● TAKSIM

Boğazi-çi 土耳其博斯普鲁斯海峡

AVRAPA 歐陸区

亞陸区 ASYA

Eminönü 艾米諾努

HAYDARPASA

舊土城

海達爾帕莎 車站

由 Eminönü 往 HAYDRPASA 的水上巴士,單趟 900000 下.L

等到月底的時候,嘉芸要来土耳其,我們要搭火車去安卡拉,然後轉往 Safranbolu (蕃紅花土城),其实伊斯坦堡就有巴士直接往 Safranbolu,但我們之所以要大費周章地先去安卡拉,其实是想試一試坐安卡拉快車的感觉 (Ankara Ekspresi),晚上 22:30 由伊斯坦堡奔馳向安卡拉的快車,隔日早上 7:35 抵達,据說是土耳其引進特級車廂,有舒適的臥舖,因此我們想試一試,在火車上享受早餐以及一夜睡眠……,旅遊書上說碰到假日最好先預訂,所以我必須先去訂票,Hatice 告訴我在歐陸這边的錫爾凱吉 (Sirkeci) 車站,就可以買到票,但因為我想先熟悉去亞陸的 Haydarpaş 車站的方式,所以我直接搭水上巴士去对面亞洲区的 Haydarpaş 車站展開我的 ”買車票之旅”……。

87

tired.....

我搭到另一種水上巴士,沒有直接停在Haydarpaşa車站,害我気喘吁吁又多走一段遠路,还好我不是正提著很重的行李,不然我就完蛋了,下回來要聰明一點。

我走到車站,看了票價,学生及老師都有折扣,(呵~第一次見到買火車票,老師可以打折....),然後,我就從口袋掏出我的教師證及紙條,呵~出門自助旅行的最大法宝就是準備「無敵紙條」!所向無敵。

第一張紙條

> Ankara Express
> 7/30
> two persons

第二張紙條

> Ankara Ekspresi
> 30, temmuz
> iki kişi
> (öğrenci, öğrentmen

Kumpir
↓
烙种内餡口味の
5000000下山 烤洋芋

這一張是用英文寫的,但那人卻看不懂,還以為我要買今天的車票......。我只好收回我的紙條,改寫成「土文版」!
Ankara Ekspresi 是 安卡拉快車,
temmuz 是 七月
iki kişi 是 2人
öğrenci 指 学生
öğrentmetmen 指的是 老師

這種快車分三种等級の臥鋪包廂
- Kuşetli 6人包廂
- örtülü 4人包廂
- yatalı 2人包廂

售票員自动給我們最貴的yatalı
呵!可能以為我是日本人吧!

88

7月20日(二) 參觀古老的碉堡〈Remeli Hisari〉

今天早上我还在寫日記時，Hatice說：「走！我們去 Rumeli 碉堡！」呵呵～這是

門票 4,000,000 T.L
(外國人票价是土人的2倍)

我第四次去博斯普魯斯海峽沿岸隨便晃盪，只不過這次是坐公車沿著海岸乱晃……，今天去的這座碉堡是当初鄂圖曼帝國想攻伯伊斯坦堡〈当時稱君士坦丁堡〉而建，這座 Rumeli 碉堡是建在博斯普魯斯海峽最狹窄之処，希对岸的 Anadolu 碉堡相对而望，当時藉由這兩座碉堡封鎖海上交通，所有運送拜占庭帝國物資的船隻都会被擊沈，在現今碉堡中的展示品中，就有許多当時所使用炮彈、大炮，看起好堅固。

在往 Rumeli 碉堡的路上，一路上全是各式各樣的果樹，Hatice 教我認識了一些果樹，有些無人種的果

89

"Erik" (plum) 李子!

樹上的果子甚至可以摘來吃沒關係,沿途上我們看到了數不清的 Elma(蘋果)、Incir(無花果)、Erik(李子)..... 樹,呵呵～ 還有我記不住名字的啦!嚐起來味道還不壞。

不过,石砌堡城牆的樓梯又高又陡,把懼高的我嚇得兩腳發軟,只好像壁虎一樣又手扶壁前進,深怕一個不小心就會摔下去 ...... 跌了個粉身碎骨。(呵～我真是個膽小的人)

回程時,又經过了博斯普魯斯大橋,橋上永遠車輛川流不息,不管是博斯普魯斯第一或第二大橋給我的感覺永遠是 ”Busy”,因為它們肩負著銜接歐亞陸交通的重責大任,不管白天或晚上,永遠在塞車。

oh! my God! It's so steep!

在台灣時，一整天下來，我可以處理很多事，時間總是綽綽有餘，把時間運用得很充分，但是來到這裡，生活步調變慢了，而且生活中每一件小事對我而言，都是一件大事，因為不懂土文，對街道也不熟悉，所以什麼事情都要問、都要找，而且土人辦事的步調很慢，什麼事情都要等，比如說在銀行裡常看到大排長龍，以致於我一天當中，好像啥事都沒做。呵～呵～土耳其人有三Ⓨ（音"耶"！）

第一Ⓨ　Yavaş（慢）
第二Ⓨ　Yarin（明天）
第三Ⓨ　Yok（沒有）

}凡事都慢，等明天，之後啥也沒做！

急性子的人如果來到土耳其可能會瘋掉，因為他們啥事都慢吞吞，對他們而言，喝茶可重要得多，所以凡事都先來杯茶再說……，不過，我開始慢慢習慣這种凡事慢慢來的步調，因為可以在一個地方住這麼久真的很好，可以好好去感受，比如說，我去了博斯普魯斯海峽吹了好幾次風，第一次去充滿新鮮感，眼睛總在努力搜尋一切……而第二次、第三次……，卻是心情平靜，沈澱再沈澱，我不再好奇地張望，而且敞開我的心，讓週遭事物自然而然地入我的眼，我的心。

7月21日(三) 画了可💛的卡片

昨天的日記寫得很潦草，而且簡短，因為我花了兩～三個小時的時間在做卡片，因為材料有限，所以做得很簡單，僅僅是去画具店買了一張卡紙（2百萬里拉），上面画上一些即興創作的小插画，卡片內頁是撕我の筆記本內頁來寫下祝福話語，然後貼上我的姓名貼紙……，我是在漢堡王裡頭一迴喝可樂一迴做這些卡片，做好之後，覺得应該拍照留念，所以就把卡片全排在桌上，但是因為相机鏡頭距離桌面太近了，無法納入所有卡片，於是索性把鞋子脫掉，爬到椅子上拍……（完全忘記自己是在漢堡王裡面…）（人好像一出國，就会完全忘記"丟臉"這兩個字怎麼寫？）。回家之後，我把卡片拿給 Hatice 看，她說

做得棒極了，她很訝異我用簡單的素材做出可愛的卡片，她建議我將它們影印下來留做紀念，她說彩色影印不貴，並且告訴我一間

附近的彩色影印店的位置，因為我自己也很希望可以把這些卡片的樣子留在日記上回味，所以我今天下午趕快跑去印，呵！果然不貴，彩色影印一張 A4 大小的，才 300000 T.L（不到台幣

10塊 :）印出來效果很好且漂亮，我迫不及待地跑去附近的點心店裁剪黏貼。弄好之後，我搭公車去学校想把卡片送給土文班的同学，雖然我決定不再去上課了，但我不想憑空消失，我要把小卡片送給對我一直都很好的他们，而不是不告

而别，結果，我遇見了 Annie，她喜欢我送の卡片，还親了我 2下，真的好開心喔！

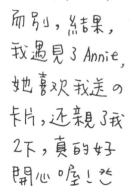

Wu...... It's broken......

我長期以來，似乎会有一种資訊焦慮症，在台灣時，筆記型电月腦和手机就像是我的器官一樣，缺一不可，我若是一天不上網就全身不舒服，這次要來土耳其兩個月，朋友建議我乾脆順便把筆記型電腦帶來，但我想自己在台灣時都一直被電腦綁住，我可不想連出行旅行時都被电腦控制住，還有另外一個原因是，電腦实在太重了，違反了我出門一切從簡的原則。所以我放棄带电腦......，但我沒手机可不行，它是我和外界聯繫の媒介，尤其是傳簡訊......，可是今天早上傳过一通簡訊後，我就把手机塞进包包中......，下午拿出来看時，螢幕就会一陣子消失，有時会出現画面，但是完全乱七八糟，連阿拉伯右字都無法判诗說，哇～我真是沮喪到了极点，就開始乱按它，甚至幻想著它也許等一下就好了......但這一切都是我的幻想，因為現在已经晚上了，我又在那個路边小茶館寫日記，我的手机还是在生病......哇～好險已經先伃簡訊給嘉芸要她幫我带東西來......，哇～也許上天有它的用意，上天要我不要对資訊具有恐慌症，嗎～

94

7月22日 (四) 去馬爾馬拉海 (Marmara) 的王子群島

馬爾馬拉海
MARMARA DENIZI
(princes' islands)
Kızıl Adalar
王子群島
BEŞIKTAŞ
Emïnönü
Heybeli Ada
赫赤貝里島
Büyük Ada
布尤克島 (大島)

假裝自
己是海軍
的peiyu

昨晚 Hatice 跟我說，叫
我今天早上一定要早起，因
為我們必須在 9:00 以
前去碼頭坐船，要到
MARMARA 海的小島
去玩，我們走下坡路
到 Beşiktaş 去坐船，
票價很便宜，用
我的 "開罐器"
通行券就可以上
船，跟坐巴士差
不多；我們去了
王子群島中的 Heybeli 島及 Büyük 島，非常快，不到一小時
就到了。王子群島之所以被叫做王子群島，是因為在
拜占庭時代，有一些在王位繼承爭奪戰中落敗的王子
們被拘留軟禁於此，所以被稱為 "王子群島"。但
我把 "王子群島" 這個名字拿來問 Hatice，她卻跟我說
她不知道有這種說法。
我們在 Heybeli 島上租了腳踏車，很愉快去騎車穿

過了松林，松林的另一邊就是海，這兒每
天都有渡輪往返伊斯坦堡，交通十分
方便，所以，有很多家庭提著野餐盒
來這兒郊遊，我們在小島上任意穿 95

檢，訊微風輕拂臉頰，島上有很多鄂圖曼式の房子，(呵～我下個月要去的番紅花城也有很多這樣的房子喔!)，它的特殊之處，在於托樑結構，每層樓可以看到托樑木支撐，所以房間或陽台会向外凸出，我之前在托普卡普皇宮 (Topkapi Palace) 後面的冷泉街 (Soğukçeşme sokak)，這條超優雅小徑也有一整排這種樣式的房子，踩在鄂圖曼帝國時代鋪設的石頭路面，呵～那條冷泉小徑透露悠閒気息，沒有車馬喧鬧，只有美麗的房屋和盛开的繡球花。

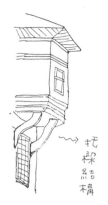

托樑結構

at arabası
(horse cart)
馬車

載貨用的馬車比較簡單樸实

在小島上，最訊人大驚奇的是～這裡沒有汽車，据說除了必備的救火車、救護車之外，島上的交通工具是兩頭馬一起拉著

fayton
馬車
(horse-drawn
carriage)

載人用の馬車裝飾得非常花俏!

這塊帆布是用来接馬糞便的，的確有此需要。

oh! my god！

96

的馬車。若不是乘坐馬車，就得靠腳踏車和步行了，当
我在港口看到他們用馬車載貨時，心裡真懷疑我是否
回到古代了，然而，換個角度想想，少了汽車，這樣对
於島上的環境保護是很好的。

Ismet Inonu 伊諾努

在小島上，剛好看見一間博物館
正在整建中，Hatice 提議進去瞧
瞧，進去之後，抹口道這是土耳其第
二任元首伊諾努（Ismet Inonu）的房
子，（他是 Hatice 的偶像喔！Hatice
非常欣賞他の聰明睿智，...），而
這間房子即將改成博物館，其实
我根本不知道伊諾努是誰，也不知道這間房子是在做啥
，只是看見房子正在裝修整理，牆壁上有好多黑白照片，

who? who is Ismet Inonu?

Lausanne?
where is Lausanne?

房子的格局而裝潢別致高雅，
那時我心裡想：「呵～這应
該是啥名人住过的吧！」，我
在房子裡東晃西晃，後来在
樓上房間遇到一個和
藹的老太太，因為她会
講英文，所以我們小聊
了一下，呵～原来她是伊諾努的女兒，因為博物館下星
期要正式对外开放，所以她特地来進行最後的察
看……，她十分十分地親切，帶著我參观屋子裡的房間，
並且談起従前她在這間屋子裡度过的快樂時光……，

97

Hatice 告訴我，這位老太太令她
終生難忘，因為她其实是一位名人，
但她卻散發优雅高貴気質，十分
親切，不会讓人覺得高不可攀……。
回家之後，我查了書，才知道原来
伊諾努是凱末爾的好友，也是
一個優秀的策略家，他在戰役

Inonu's daughter
(she is very kind
and gentle)

中協助凱末爾，在1923年7月24日，這天，他協調簽訂了歷
史上有名的洛桑和約，保障了土耳其領土、統治的独立，
在凱末爾去世後，伊諾努継任為土耳其第二任元首，在土耳
其人的心中，凱末爾与伊諾努都是受人民欣賞愛戴的
民族英雄，下星期十博物館開幕日即是洛桑條約簽
約日……。(記得以前在历史課本讀过凱末爾，洛桑和
約我也有印象，只不過没想到竟会在土耳其重新複習这
一段历史……。)

我們的午餐是坐在海辺吃的，
我們買了沙拉、麵包及啤酒，
一辺看著藍々的大海，一辺快樂
地品嚐美味点
了，這個野灸の
点子是 Hatice

lahana Dolmasi 包心菜葉包米飯

Piyaz 扁豆沙拉

American salatasi 美式沙拉

Bira
啤酒

提議，她真是浪漫又天
真呀！

98

我非常非常喜歡吃土耳其冰淇淋,(呵~好好吃!)今天Hatice跟我說我喜歡吃的冰淇淋原產於一個名字很長的地方

—— Kahramanmaraş,不过她說,我吃到的冰淇淋其实是改良过的,因為原產地,這種冰淇淋其实很硬很硬,硬到必須用斧頭劈開才行,我聽了簡直不敢相信,怎麼可能呀?不過這種冰淇淋吃起來真的很有彈性,超好吃,我回家後立刻查了我的LP上面有一段关於Kahramanmaraş這個地方的資訊,呵~果然就是,這個地方簡稱是Maraş (就是

dondurma
(ice cream)

dondurma!
(ice cream):

oh! I can't believe it!

This ice cream is eaten with a knife and fork.

嘛!名字落落長,鬼才記得住~!),所以他们把这种冰淇淋叫做Maraş dondurma,因為產地在夏季超熱,他們在冰淇淋中放入膠狀物質,這樣子的冰淇淋才可耐得住高溫酷暑,結果,一整團的冰淇淋又Q又有彈性,冰淇淋小販可以用金屬長柄鉤整團鉤起來像表演特技一樣地揮舞,在我們住的地方附近的冰淇淋店裡点冰淇淋來吃時,侍著还会送上刀叉,吃冰淇淋跟吃牛排一樣哟! 99

7月23日 (五) 可怕的火車意外事件

昨天晚上看新聞, 才知道有一列由伊斯坦堡開往

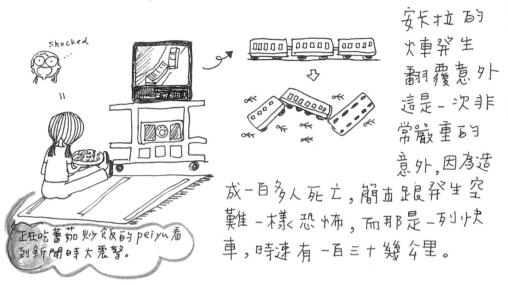

安卡拉的
火車發生
翻覆意外
這是一次非
常嚴重的
意外, 因為造

成一百多人死亡, 簡直跟發生空
難一樣恐怖, 而那是一列快
車, 時速有一百三十幾公里。

shocked...

正在吃蕃茄炒飯的peiyu看
到新聞時大震撼。

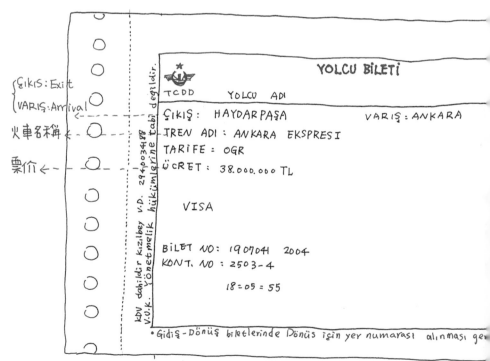

ÇIKIŞ : Exit
VARIŞ : Arrival

火車名稱 ←

票价 ←

kdV dahildir kizilbey V.D. 2940034198
V.U.K. Yönetmelik hükümlerine tabi değildir.

TCDD   YOLCU ADI   YOLCU BİLETİ

ÇIKIŞ : HAYDARPAŞA   VARIŞ : ANKARA

IREN ADI : ANKARA EKSPRESI

TARIFE : OGR

ÜCRET : 38.000.000 TL

VISA

BILET NO : 1907041 2004

KONT. NO : 2503-4

18=05=55

• Gidiş-Dönüş biletlerinde Dönüş için yer numarası alınması ge

我真是太震驚了，因為我已經預訂了下星期五晚上由伊斯坦堡開往安卡拉的夜車，Hatice 說有可能会停駛，不过还要等看看，也許下星期就会恢復通車，不过我心中还是觉得毛毛的，因為如果是鐵軌的問題，那就表示無論何時，都有可能再發生，而如果發生了，可能会連命都沒有，因為發生事故的這列車上，当

Newspaper (7/23)

艺Milliyet

Bir şey uğruna öldüler

sakladılar

HIZLI TREN FACIASI: 37 ÖLÜ (不实括据)

火車現場的照片．怵目驚心。

下面這張照片很訊刺的是總理在不久前這列快車通車典礼的照片

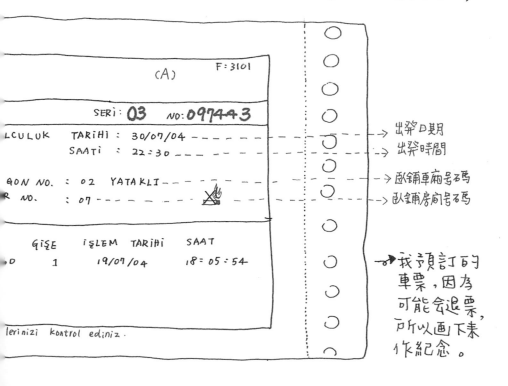

(A)   F:3101

SERİ: 03   NO: 097443

LCULUK   TARİHİ : 30/07/04 ----→ 出發日期
         SAATİ : 22:30 ----→ 出發時間

GON NO. : 02 YATAKLI ---→ 臥鋪車廂号碼
R NO. : 07 ---→ 臥鋪房間号碼

GİŞE   İŞLEM TARİHİ   SAAT
D   1   19/07/04   18:05:54

→ 我預訂的車票，因為可能会退票，所以畫下来作紀念。

lerinizi kontrol ediniz.

時有2百多人在車上,但有一百三十多人死亡(可是官方对外說法卻是只有37人,Hatice說政府在說謊......)我傳了簡訊給嘉芸,問她是否要將火車票退掉,改成直接坐巴士去番紅花城,後來我们決定等下星期再看情況,(感謝老天,我那支坏掉的可憐手机突然又可以用了....如果不能伝簡訊,我可能会疯掉。)而今早看報紙才真正知道事故原因。原未他们把慢車當快車用,完全不聽專家勸告,以致於造成不可彌補之过失......。

slow train

fast train

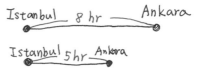

Istanbul ——— 8 hr ——— Ankara

Istanbul 5 hr Ankara

不久前,列車剛通車の光彩模樣。

而 Hatice 告訴我,应該是沒有人会為這次的事故下台或負責,這实在是很恐怖的事情。与建築物偷工減料沒什麼兩樣,根本就是把公共安全不当一回事。

我的日本同学 Ayako、Maiko、Yoshimi 要找我一起吃晚勺。雖然我已經不去上土文課了,但她们還是会聯到我,也很想看到我的日記本....,所以她们打電話未約我一起去吃晚勺。

我和 Ayako、Maiko、Yoshimi 想了很久,我們決定去附

Ramazan Pide

這是一種在齋戒月時吃的麵包，齋戒月時，穆斯林在日間封齋，直到聽見由塔式宗教頻道伝来的祈禱文，完成一日的封齋，比如說 2004年的齋戒月是在10月19日，一日封齋結束，便可進食晚餐，這時，可以看見穆斯林在街上大排長龍買 Ramazan Pide (Ramazan 意為齋戒)，這种麵包有鍋蓋那広大……。

近 Galata 橋下吃。每一次我在 Galata 木橋下走，總会看到一堆人在釣魚，好像他們整天都沒事做，就只是釣魚而已，所以長長的橋上，總是兩迅站滿了釣客，每天都満坑満谷站滿人，釣客会把釣来的魚賣給旁迅賣烤魚的船家，店家直接在船上烤魚，烤魚三明治很便宜，岸迅就有小桌子跟小椅子，顧客買了烤魚三明治後就直接坐下来点杯飲料、啃三明治，很多人都跟我説很好吃！不过，我不知道橋下有夕庁，今天才知道原来坐在橋下一迅吃東西一迅看海的感覚真好，不过，坐在橋下的我，總擔心「橋上」的釣客在甩竿時会釣到我，有時候，他們有所斬獲時，把釣線收上去，釣線上掛了一串魚，引起我们驚嘆連連，「哇～好多魚喔！」，我跟 Ayako 說我要準備一把剪刀，当釣客拉起他们的魚時，我要一刀盗走他们的魚，嘿～嘿～嘿，我又開始陷入不切実際の幻想了……，吃完晚飯，我们移到旁迅喝茶看夜景，橋下茶館真不賴！103

Yeni Camii
耶尼清真寺

Galata kulesi
(Galata tower)
加拉達塔

Galata köprüsü
(Galata bridge)
加拉達橋.

今晚的晚餐是在 Galata 橋下
的乡廳吃的,其实我已經在那
座橋上走过幾百次,卻從未注
意那底下有乡廳,這边的乡廳是以
海鮮為主,有各國語言的菜單,
價格有点貴,但還可以接受,比
如說 今天我们四人分攤,每人
出差不多 1 千五百萬里拉 (三百多台幣)

"""

cut it!

×

104

7月24日(六) 去購物中心 window shopping

ihlamur

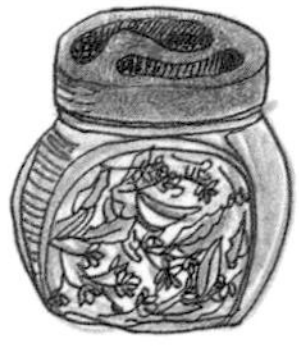

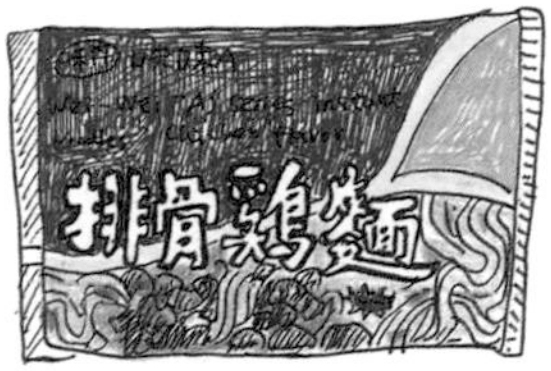
排骨雞麵

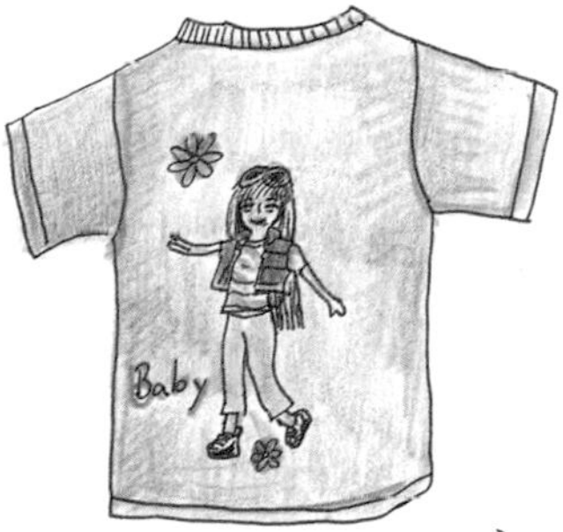
Baby

很不幸地，我一直感冒而且嚴重过敏，眼睛開始腫起來，Hatice覺得我病得不輕，所以她拿出一個古老的方法，她說有一種專治感冒藥草，她小時候生病時，她爸爸總会拿這种藥草沖熱开水給她喝……，喝了熱茶，總算舒服多了。

開了一包「味味A排骨雞麵」來吃，這是我每次出國的必備單品，吃得十分十分滿足。

今天我穿了一件芭比图案T恤出門，因為Hatice又陸陸續續給了我好几件衣服，因為她覺得我每天都穿重複的衣服而且每天必洗衣服，实在很慘，呵～因為每一次出國，我通常只会帶一個背包和一個小登机箱，東西帶得超少，只帶2套換洗衣服，所以天天都重複穿差不多的！（呵～我超喜欢粉紅芭比，所以穿著芭比T恤的我，超級開心！）

這幾天白天時間，外面十分炎熱，据說前天当我在小島上騎腳踏車時，氣温高達40°C，讓我把臉晒成了紅蘋果。

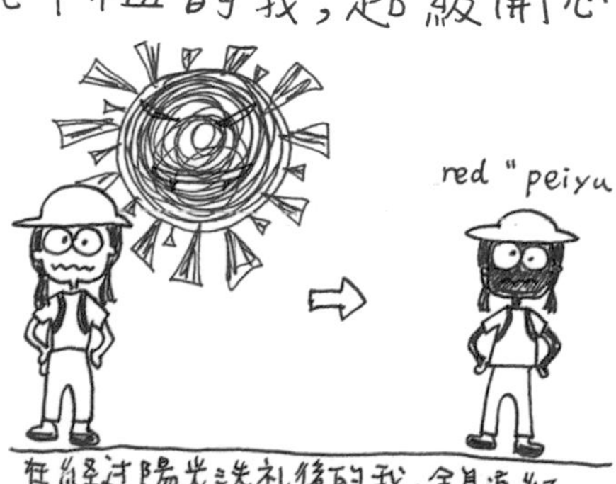
red "peiyu"

在經过陽光洗礼後的我，全身通紅

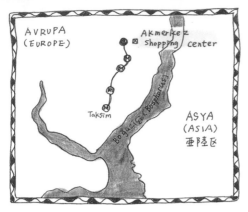

因為外面実在太熱了，所以我們決定今天不去戶外活動，而是去2個大購物中心，所以，我今天又見到了我眼中不一樣的、現代化的伊斯坦堡，因為今天我们去的是非常新的商業区，在大型購物中心內，現代化設施令我懷疑自己是身在台北的新光三越或SOGO；不过，因為近來穆斯林狂熱份子在土耳其放了几顆炸彈，引發恐怖事件，一些單位加強戒備，所以

進百貨公司要檢查包包，並用金屬探測器看是否帶了危險物品？

我去逛了外文書店，看到好多好棒の書，比如說建築、芸術方面，但我想等下個月要回台灣前夕再買。所以我今天只買了2本專門說地毯圖案的，很薄の圖画書。

21000000 TL

#12

Çeşm-i Bülbül
(eyes of nightingale)

我另外又參觀了一間玻璃工芸品店店名是Paşabahçe（是当地很有名的店，其实受鄂图曼帝國的影响，伊其斯坦堡在很久以前就已發展出很独特、精巧的玻璃工芸，這間Paşabahçe店的產品特色是偏向藍色系，而且全是螺旋敩圖案，這种敩路被利作"Çeşm-i Bülbül"（夜鶯的眼睛）因爲它的紋路就像是夜鶯的眼睛的

Taksim Meydani
塔克辛广場
(Taksim square)

istiklal Cad.

● Ali Muhiddin Hacı Bekir (istiklal Caddesi 12a)
一間老字号的土耳其甜点店

akide
(traditional turkey candy)
→檬檬味
→巧克力味
→有肉桂味

一般～，這間店製作玻璃工芸已有150年の历史了。

土耳其的甜点超甜的，截至目前爲止，我只喜欢米布丁，所以我不常光顧甜点店，不过我仍今天去這間老字号的甜点店，我在店裡東張西望，他們所使用的糖果罐是從很久以前流傳下来的，我们買了akide這种硬的糖果，五顏六色，真漂亮。

107

7月25日 (日) 買了好多CD
　　　　因為我喜欢民族音樂, 所以Hatice介紹CD給我!

① FAZIL SAY Naym
Genco Erkal
Sertab Erener

這張CD是有关詩的,〈創作者是Nazim Hikmet, 本世紀知名詩人〉, HiKMET曾因政治因素入獄, 後於俄羅斯过世, 專輯有朗讀他の作品, 並有伴奏及吟唱, Hatice翻譯了其中幾首給我聽, 意境盡在不言中。

之前在看迴旋舞表演時, 就注意到 "ney" 這种樂器, 它在其中扮演很重要的角色, 這种管樂器所發出的聲音帶有哀傷的感觉。我在早上時一個人聽這張CD.卻有一种前所未有的很平靜詳和の感覚。

② ney the sufi cry out
ney the sufi cry out

Lemansan的聲音很美, 但有些淡々的哀愁, 這張CD的封面亦是給人這种感覚, 她演唱詮釋 Livaneli şarkıları 這位作曲者的曲子, 並不全然是流行樂, 但受到很多人的喜愛。

③ Leman Sam
Livaneli ŞARKILARI

④ volkan konak
Maranda

屬於 folk music, 不过這是偏向黑海那一帶的音樂, 据說這個歌手是創作黑海那迎型式的曲子。(黑海区有少数民族在六月時, 我在世界遺產協会上課, 有聽过一些土耳其的音樂, 土耳其這塊土地長久以来有不同民族進駐, 不同文化交融, 所以交融出不同地域的音樂特色, 有些地方具阿拉伯风, 有些則是游牧文化, 有些是吟遊詩人风格, 亦有希臘风格の音樂……

"kardeş"的意思是"brother or sister"，土耳其以土耳其佔太多數（即我们在历史上讀到の突厥人），但也有其他少數民族，例如：庫德族。黑海一帶的Laz人、Hemşin人，及亞美尼亞人、阿拉伯人、猶太人、吉普賽人等，比如說Hatice就說她的故鄉在土耳其東南部，她的母親会說阿拉伯語．她有阿拉伯血統……，而左迅這3長CD（編号⑤）則是集合了土耳其各地、各民族の民謠。

吉普賽人是擅長歌舞的，所以這次我又特地買了這張吉普賽人的CD（編号⑥）而這3張CD是包涵了各地吉普賽の音樂，（吉普賽人原本就是在各地遊走……），比如說：匈牙利、保加利亞、俄羅斯、土矣及、西班牙……及土耳其当地的……。

編号⑦的CD名稱稱作「令人難忘的土耳其酒館音樂」，有幾次夜晚，我和Hatice外出，経過全是小酒館巷子時，總会聽見眾人飲酒作樂，隨著音樂高歌、跳舞，印象深刻。

sezen AKSU 在土耳其是被稱作"Queen"⑧，意思就是歌后啦，她活躍於1990年代的歌壇，但一直到現在，她在土耳其人心中的地位仍是一代歌后，其实我很少買流行音樂CD．但後來想想有些流行音樂曲风其实也不錯～．所以就買了。

⑨

這張CD据說是土耳其差不多五、六O年代的老歌，根据経驗法則，老歌の旋律不外乎那几种，其实和台灣の老歌有点像，於是就下賭注，買了它。

⑩這是一張肚皮舞CD要7500000T.L，肚皮舞据說是以前在宮廷中跳給蘇丹看的，現在有很多地方都有跳給观光客看，不过我沒去看，但我買了⑪這張肚皮舞VCD因為同事叫我買VCD回去，也許可以剪一段来看看！肚皮舞在波斯王朝就有了，現在在中東一帶很多地方都可以看得見。

⑩

RHYTHM FOREVER

⑪

LEYLA ADALI

VCD Video

ŞIKIR ŞIKIR

今天中午吃大餐，去一家ㄟ厅吃海鮮料理，這家ㄟ厅的服務很週到，而且因為我有一張不同方於当地人的東方臉孔，所以ㄟ厅上下從老闆到所有的waiter都一直偷瞄我，因為我十分忙碌，一迎吃東西还一迎画画，好

SALGAM (turnip)
用蕪菁，也就是大頭菜榨成の紫紅色果汁，裡頭加了盐巴，我第一次喝，味道很怪，据說当地人喝raki酒時会順便点一杯這種飲料，可以防醉。

由nar製成 (pomegranate) 石榴醬汁

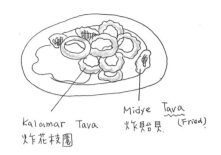

這瓶橄欖油是因為左方的 waiter 看到我在画石榴醬汁所以特地拿来一瓶特級橄欖油給我画，真是令我哭笑不得！

乳酪焗蝦
ka rides Güveç

用烤箱火共烤焗奶油的料理稱為 Güveç

Kalamar Tava
炸花枝圈

Midye Tava (Fried)
炸貽貝

奇地問東問西，而且猛查字典，他们覺得超好笑的，後来他们全圍过来看我画日記，覚得我很有趣，Hatice 向他们解釋我日記上的一些圖片......。当我正努力画日記時，waiter 突然送上一份甜点，原来是熱情親切的老闆偷偷指示 waiter 為我現烤一份甜点，据説 helva 這种甜点経常在吃完海鮮料理後食用，現烤的 helva 表皮有点脆脆的，用陶盤盛裝著，十分好吃，但我在吃完海鮮料理後，已経很撑了，但這是老闆的一番好意，無論如何一定要吃完，但吃完一整盤後，我想我可以一整年不吃甜点了，我感覚他们是把我当成 guest 而不是 customer ......。

It's a gift.

(hot) helva

leb-i derya
(big sea) 太海夕廳！

Hatice 每次吃東西總把衣服弄得髒兮兮。

而 peiyu 卻一直都是乾乾淨淨。

wa～çok güzel
哇～很好吃。

111

有件事,要趕快記下来,以免
忘記,……,呵呵～,我和
Hatice 散步經過
Ortaköy 清
真寺,我指
著清真寺問

Ortaköy Camii
歐雨塔寇清真寺

No……It's not old.
…… only two hundred years.

Is it an old "camii"?
?

Hatice:"這座清真寺
很古老嗎?",Hatice
說:"沒有啦!不古老　　　　　啦!",然後她停
頓了一下,再補充說:"才兩百年而已啦!",我聽了
差点摔倒在地上,蝦密!「才」兩百年而已,哇!我
上班的辦公室逸仙樓不到一百年就被叫古蹟～,
不过仔細想想也是啦!在處處古蹟的土耳其,兩
百年算是小 case 啦!
雖然中午吃超飽,但 Hatice 仍決定好好下厨做
土耳其料理 給我当晚餐!她今晚做的是一種
稱做 dolmasi 的料理!　　其實,只要是任何材
　　　　　　　　　　　　　料的鑲餡料理,全
　　　　　　　　　　　　　都叫做 dolmasi,
　　　　　　　　　　　　　比如說,青椒鑲
　　　　　　　　　　　　　肉,葡萄葉包米
　　　　　　　　　　　　　飯……。

garlic
Onion
SALT
rice
Tomato sauce
先把米飯調味!
eksi (sour)
一种有酸味的調味料。

112

今天使用的葡萄葉是從超級市場買來的乾貨，不是新鮮的葡萄葉，要使用前必須先泡水，然後就会変軟、展開……，做葡萄葉包米飯有一点困難，因為葉子是不規則狀的，但得有技巧地包緊，否則在烹煮時会散開。

Hatice 是大廚，而通常只会壞事的我負責把泡軟的葡萄葉一張張打開，鋪在桌上。

把調味的米飯鋪平在葉子上！　往前摺！　兩側葉子向內摺　把剩下部分像捲煙似地捲成小圆柱

yaparak Dolmasi
（葡萄葉包米飯）

Soğan domasi
(onion)

今天 Hatice 除了葡萄葉包米飯之外，还試著把洋蔥挖空、茄子、蕃茄也全成了作菜的材料，所以，今晚の晚夕簡直就是各种 domasi 的綜合大籠。

domate domasi
(tomato)

patlican domasi
(eggplant)

113

7月26日（一） 完成具有紀念價值的壁画

Hatice 对我即将離开感到不捨，她說希望我在她
家牆壁上画画做紀念，她要我画出她的朋友及家人，
所以她給了我一些照片和人名，要我把人名譯成中文。
（我知道很多外國人喜欢把自己的名字譯成中文並書写
出来，因為我己前上土文班的同学每天都拿一堆名字要
我写！）。於是我一大早爬起来構圖，才發現這面
牆壁其实很大，（Hatice 真是大膽呀！竟放心把
她家牆壁交到我手中画画塗鴉…），画牆壁跟
平常画画差很多，对我而言，是一項新の大挑战。
可能是因為我工作超專心，再加上 Hatice 在旁協助，
從早上画到傍晚就大功告成了，嘿～將来她睡
前注視這面牆一定会想起我，因為我也把自己画進
去囉！

地板上被我鋪滿報紙

穿著極為清涼的 peiyu
拿著水彩筆在牆壁上乱
抹，同時為防止小貓乱跑
打翻顏料或者乱抹牆
壁，只好把牠关起来。

Cat

114

这幅画是我第一
次尝试在墙壁
上画画，自己画定
之后很满意，这
幅画的内容是有关 Hatice
的朋友及家人，其实她也非常喜欢

喜欢热闹的场
色，也很喜欢可爱
的东西，所以一面
要求我在墙壁上
加东西，我觉得我
好像把画上瘾了，根

本停不下手，我
很高兴我有机
会画这3张大画，因
为我知道我画的
是 Hatice 的生日，

对她而言是非
凡，而她也十分喜
爱这幅画，能够
为别人做一件事是
重大的事让我感受
到自己的重要，心中

也格外愉快写。

7月27日 (二) 去溫泉勝地 Termal 一日遊

今天要去溫泉勝地 Termal，不过我們得先從伊斯坦堡坐船去 Yalova，再從 Yalova 換車到 Termal，但因為早上我不但晚起，而且动作又慢吞吞，所以我們錯過了快船，只好改搭慢船，(搭快船只要 45 分鐘，搭慢船卻要 2 小時！)，因為今天可能去泡溫泉或洗土耳其浴，所以我不打算帶太重的包包，而只塞了一本平日看的

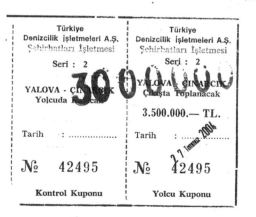

(慢船 3 million)

在日記本上的船票！

這就是那張被我貼

Türkiye Denizcilik İşletmeleri A.Ş. Şehirhatları İşletmesi	Türkiye Denizcilik İşletmeleri A.Ş. Şehirhatları İşletmesi
Seri : 2	Seri : 2
3 000 000	
YALOVA - ÇINARCIK Yolcuda Kalacak	YALOVA - ÇINARCIK Çıkışta Toplanacak
	3.500.000.— TL.
Tarih :	Tarih : .... 27 Temmuz 2004
№ 42495	№ 42495
Kontrol Kuponu	Yolcu Kuponu

書，以及泳衣毛巾在包包裡。上了船，我立刻很興奮地把船票貼在日記裡，过了 2 小時，到了 Yalova，碼頭卻有人在收票……我傻住了，只好把日記本上貼船票那頁番羽給他們看，超檻尬。

tamam … tamam
(ok… ok…)

116

在往 termal 的途中，見到了所謂鄉下的景觀，人車均少，在街道交会處有小型 Bazaar，和之前身如伊斯坦堡所見到的景观截然不同。

bögürtlen
(black berry) 黑莓

franbuaz
紅色莓果(不好吃)

→中空！ 在路迅買了水果来吃，一些莓果被裝成一盒一盒地販賣，有黑色莓果，也有紅色莓果，不过放在路迅賣，应該全是灰塵，而且一定沒有清洗过，不过大家都是照吃不誤。

KESE 像菜瓜布般粗，洗土耳其浴必備單品，因為在蒸汽高温火炙烤之下，毛細孔全張開了，可以用 KESE 用力刷掉身上的老舊角質。

LIF
另一種質地較柔軟的洗澡用具，當成沐浴巾使用，在溫泉勝地附近常可見到婦女手工編織此樣物品販賣，有各式花色。

我們本来是有看到一間"哈瑪"(hamami)，价格便宜，所以我们打算去洗，不过那裡並不提供沐浴用品，所以我们先到附近的超市去買一些香皂、洗髮精，也買了用来搓洗角質的 KESE，但是，在買完沐浴用品回到"哈瑪"的当下，突然發現人變多了，而且多到有很多人在排隊，所以頓時傻眼，就決定乾脆去溫水游泳池算了，反正嘉芸星期五来会合時，一定也会想去"哈瑪"(hamami)，等她来時一起去也可，不过她可能不会相信我来土耳其一個月竟没洗土耳其浴……，不过雖然不洗，但我仍很想偷看一下，所以就偷偷摸摸蹑手蹑腳溜進去，不过這間"哈瑪"因為收費实在太低廉了，所以人滿為患，顯得有点恐怖。

馬殺雞

peiyu
正在偷窺.

不過我自己自認舉止真的太怪異了，因為在"哈瑪"之中，只有我是衣著整齊，(還穿了長袖戴帽子呐～)，而且我还東張西望看有無新鮮的事物，深怕自己錯过什庅，後来乾脆就在裡面乱晃，恐怕所有在場的婦女都觉得我這個東方女孩是神経病（此刻極度期盼她们以為我是日本人，因為我老是被当成日本人……)，在"哈瑪"逛街完畢，我就趕緊逃去游泳池

118

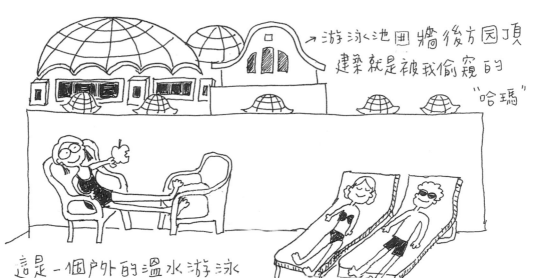

→ 游泳池圍牆後方园頂
建築就是被我偷窺的
"哈瑪"

這是一個户外的溫水游泳
池。因為此地有溫泉，所以
游泳池的水其实还頗燙。游泳池
迅躺平了許多想把自己の皮膚晒成健
康黑褐色的外國泳客，而我反而拉了
兩張椅子躺在陰影處躲太陽，不过我
還是晒得有点黑，因為我下水游泳了好幾
次，所以這一個月来每天穿長袖、戴帽子防止晒黑的一
切細心防護措施都毀於一旦了。
然而，這裡最令人欣賞的是它的淋浴
設施，引用溫泉水，而且是巨大的水柱，
十分具有水療效果，訊我覺得好像进
行了一場按摩，舒服到想睡⋯⋯(後来
果然在迷你巴士上睡著了⋯⋯)

令人難忘的淋浴設備

119

很可口的阿拉伯小女生

Termal 這個地方在 1999 年大地震以前是著名的觀光勝地，但 1999 年那次大地震的震央就發生在離此不遠的地方，故 Termal 遭受到很大的破壞，據 Hatice 說她的親戚每年夏天都会来這個溫泉区度假，

在 1999 年那時的大地震受了很大的驚嚇，而她小時候也常与家人来此度假。離開了伊斯坦堡，此地的鄉村婦女戴頭巾的比例明顯增高，不过，很誇張的是，在 Termal，充斥著阿拉伯人，在這裡，只有 Hatice、旁旅館工作人員是土耳其人，阿拉伯人之所以喜欢来此度假，是因為她們不可以輕易在外人面前露出肌

阿拉伯女人吃冰淇淋⋯⋯

膚，而此地有專供家庭使用的浴池及游泳池，也有專供女性使用的游泳池，不过，当我在游泳時，阿拉伯女人既没下水也不換泳衣，只是全在池边坐著，盯著我瞧。

iDO fast ferry
票价：1人 7 000000 T.L 吳

從 YALOVA 回伊斯坦堡這一段路程，我們改搭快船，只要 1 小時就可以抵達，快船的設備很好，而且空間很大，連車子都可以開進去，座椅也很舒適，就像坐飛机一樣。

120

7月28日 (三) 去塞浦路斯

去机場搭接駁巴士的票 750000 T.L

明明昨天玩得好累。可是今天我一定非早起不可，因為我必須去塞浦路斯一趟，先離開土耳其，再入境土耳其，如此一來，才可以產生新的停留期限，也才可以再停留在土耳其一個月，因為在台灣時，我送信土耳其人說 visa 延簽沒問題，且懶得去辦希臘簽證。

（如果有希臘簽，我就可以坐車到边境城市 Edirne 再去希臘蓋個章再进土耳其就好了，或者去希臘小島晃一天也可，超近……）但這一切都歸因於我实在太懶得去辦希臘簽證，而且其实我也滿想去塞浦路斯的………，所以不知這是上天給我的懲罰，还是給我の礼物？要我去塞浦路斯晃一下，不过也好，反正人都已經来到土耳其了，不去白不去。只不过一大早起床赶飛机状困死了。

去塞浦路斯的登机證

121

在北塞浦路斯古城 Lefkoşa 中亂走一遍，完全拋開地圖，
因為看我の地圖上，這個古城中，處處是清真寺及古蹟，
且巷道均狹小錯綜複雜，既然如此，看地圖已無任
何意義，於是我就暫時把地圖收到包包中，開始憑直覺
四處亂逛。

The büyük HAN (Big Inn)
建於1572年，於 Nicosia 城牆內
68間房間. 10間對外開放の商店，2個出入口
房間有園拱門,對外窗戶。

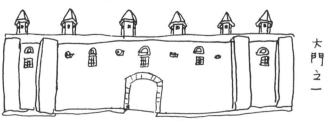

大門之一

罕 (Han)
為商人及工匠儲存
貨物的倉庫或貨
棧。靠近販賣場所
鄂圖曼時期興建の
罕形式為兩層樓建
築,中央有開放の庭
場,庭場中有泉水或
向上建一小型清真寺,
此四方形兩層樓建
築有長長的拱廊,樓
上房間可提供住宿及用

122

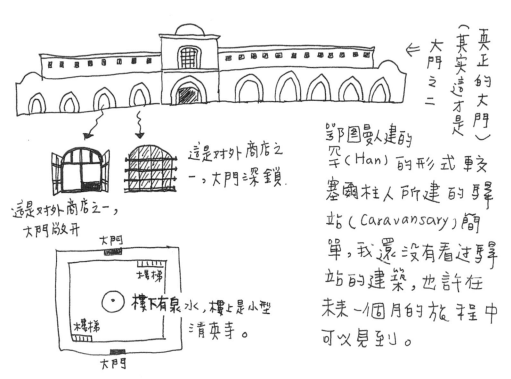

真正的大門
（其实這才是
大門之二

←

這是対外商店之
一，大門深鎖．

這是対外商店之一，
大門敞开

大門

樓梯

樓下有泉水，樓上是小型
清真寺。

樓梯

大門

鄂圖曼人建的
罕（Han）的形式較
塞爾柱人所建的驛
站（Caravansary）簡
單，我還沒有看过驛
站的建築，也許在
未来一個月的旅程中
可以見到。

因為這一趟塞浦路斯之旅完全是意外，所以我也沒
啥計画，反正就在路上亂走，後来経过一間破到不
行的郵局，想起有一張明信片沒寄，就走進去買3張
郵票寄3，沒想到那郵票満漂亮的，我決定若再
看到郵局，一定还要再買漂亮郵票貼在日記本上，
後来果然又看到郵局，小姐非
常有耐心讓我挑选。

（北塞浦路斯）

KUZEY KIBRIS TÜRK CUMHURIYETI = Turkish Republic of Northern Cyprus

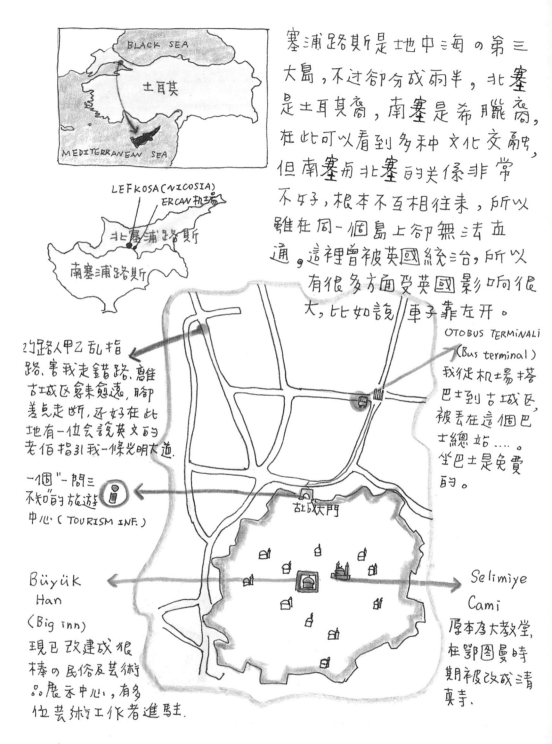

塞浦路斯是地中海の第三大島，不过却分成兩半，北塞是土耳其裔，南塞是希臘裔，在此可以看到多种文化交融，但南塞与北塞的关係非常不好，根本不互相往来，所以雖在同一個島上卻無法直通。這裡曾被英國統治，所以有很多方面受英國影响很大，比如說車子靠左开。

BLACK SEA

土耳其

MEDITERRANEAN SEA

LEFKOSA (NICOSIA)
ERCAN机場

北塞浦路斯

南塞浦路斯

約路人甲乙乱指路，害我走錯路，離古城区愈走愈遠，腳差点走斷，还好在此地有一位会說英文的老佰指引我一條光明大道。

一個"一問三不知"的旅遊中心（TOURISM INF.）

OTOBUS TERMINALI
(Bus terminal)
我從机場搭巴士到古城区，被丟在這個巴士總站……坐巴士是免費的。

故城大門

Büyük
Han
(Big inn)
現已改建成很棒の民俗及芸術品展示中心，有多位芸術工作者進駐。

Selimiye
Cami
原本為大教堂，在鄂圖曼時期被改成清真寺。

124

在很多旅遊書上都有提到，只要有土耳其簽證就可以進入北塞浦路斯

'而不需要另外辦簽證，但是因為北塞（土耳其後裔）及南塞（希臘後裔）的歷史恩怨，如果你的護照上蓋了北塞的章，紀錄你曾去過北塞，南塞就會拒絕你入境，要去希臘的話，也會發生問題。LP上、以及台灣辦事處的人一直叮嚀一定要請北塞海關蓋章在另一張紙上，而不要蓋在護照上，在通關時，我前面那位法國女生也是要求蓋在另一張紙上，而輪到我時，我也如此要求，但海關人員不知為何盤問我很久……，不過他的英文不太好，問得好痛苦，可能是問太久了，他竟很順手地把章直接蓋在我的護照上，厚…算了，懶得跟他講了，而且我只會几句土文而已，加上後面排一大堆人，反正我也沒想去希臘……。

7月29日 (四) Edirne 古都一日遊

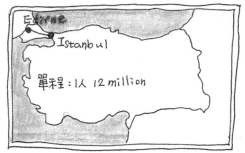

今天早上我们一大早就到塔克辛广場旁边去買巴士票,在土耳其境內,巴士算是很方便的交通工具,巴士總站稱做 otogar,通常是位在近郊,不过在市中心也設有辦公室,買3巴士票之後,会有免費小巴士載你到 Otogar (巴士總站)去。

在土耳其坐巴士,這是頭一次,不过我想下個月应該会有很多机会坐巴士吧! 只是据說土耳其的車禍肇事率很高,真是膽战心驚,而且由 Istanbul (伊斯坦堡)往 Edirne 的路上,Hatice 不斷地說一些恐怖の車禍事例給我聽,恐怖至極。

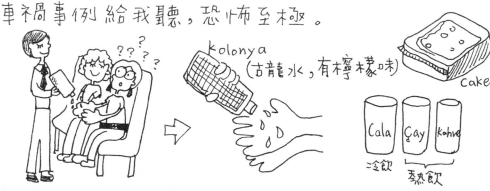

kolonya (古龍水,有檸檬味)

Cake

Cala | Çay | kohve

冷飲　　熱飲

在土耳其的巴士上,上車不久,隨車服務人員就会遞上小点心,也可选擇冷飲 (可乐)或熱飲 (茶或咖啡),还有在你手上倒一些有檸檬味道的古龍水,讓你為之精神一振,但我非常不習慣那味道。

126

ayçiçeği
(sunflower)
向日葵

çekirdek
( )

吉普賽人
幫人算命的

çingene
?
Roman
?

在搭車往 Edirne 的途中，可以明顯感覺到這裡的氣候較濕潤，和之前搭飛机経過土耳其内陸的乾燥景观截然不同，而且向日葵花田連綿不絶，在綠色の原野上襯出一大片金黄，十分耀眼。其实土耳其人不但愛喝茶。(連在搖搖晃晃的巴士上都还提供熱茶，真是一刻不可無茶……被打敗)，土耳其人还喜欢嗑瓜子，他们有各式各樣的葵花子，而且到处都在賣，不管是公園或海边，到处都有人在嗑瓜子，真是全民運動。在 Edirne 看了很多吉普賽人，現在我可以從她们の外观打扮和長相一眼認出，据說在 Edirne 這附近有一区是吉普賽人聚集区，Hatice 和我都很想去看，也抄下了位置，(其实 Hatice 和我一樣有好奇心，而且是不怕死的好奇心，喜欢佑文異方令常人

127

的事），但後来，我們參观了三個清真寺，又去了「哈瑪」〈Hamami〉洗土耳其浴，又逛了博物館，又去吃東西……，到最後都已經晚上快8点了，旅館老闆極力反对我們那庅晚了还要去吉普賽人居住区域，（雖然先前告訴我們的那位先生說無論多晚去那兒都沒關係，但因為時間滿晚了，我們還得坐3小時的車回伊斯坦堡，於是就放棄了（現在想想，有点後悔，甚至觉得自己是猪者腦袋 ，因為「哈瑪」到处都有，為何我一定要今天洗呢？其实应該趁会講土話且大膽的Hatice在我身边時，去瞧瞧吉普賽人的聚集区才对！），不过有人一直提醒我们，不要在吉普賽人面前稱他们Gypsy，這個字暗喻「偷竊」等貶抑意味，改稱Roman比較好。

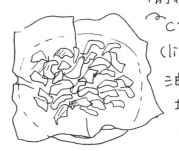

ciğer tava
(liver) (fried)

油炸牛肝是Edirne当地的名菜，把牛肝切碎後放進鍋子油炸。

Edirne当地有一种油脂摔角，选手把橄欖油塗在身上，此節庆在6～7月舉行。我们去參观的博物館（土耳其伊斯兰芸術博物館（Turk-Islam Eserlesi Muzesi），其中有很多摔角的照片，以及許多刺繡、及古代の厨房，軍用槍械。

7月30日 (五)　　　　　　　　土耳其浴

記錄一下昨天去洗土耳其浴的過程，一切完全都是意外，
因為剛好經过 Sokollu Mehmet Pasa Hamami，也
就是在 Ucserefeli 清真寺附近的澡堂，這座澡
堂也是由名建築師錫南所建，完全是伝統形式，
有精緻的圓頂和石膏牆壁……，聽說原本有精

緻的伊茲尼克磁磚，但不知為何全都不見了，這間澡堂价格低廉，洗澡 6.000.000.，馬殺雞的話再加 4.000.000. 我其实也没計画今天要洗土耳其浴，所以啥東西也没帶，所以……只好和大家 "袒裎相見" 了，但這其实不是一件奇怪の事，因為大家都是這樣，若是穿泳衣洗反而很怪。這座古老的澡堂一進去蒸気瀰漫，像夢境一般，园形屋頂上打了一個個六角形及园形的洞，並鑲上玻璃，外面の光線可以透進来，在這樣の気氛之下，全身会很自然地放鬆……有种快睡著的感覺。嗯～还是紀錄一下洗土耳其浴の过程好了。

1°

如果你要請別人幫你全身用 KESE 去角質並馬殺雞的話，先別急著用肥皂清洗自己，因為如果先用肥皂洗身体的話，筝一下是無法把角質搓下来的。所以這時候是先用水沖一下自己的身体，

沖水……

然後躺在大理石平台上讓熱気包围著自己，慢慢地，全身の毛細孔就会張开，然後快睡著

猶如夢境

躺在平台上，見到の頭頂风景

2°

天呀～ 实在好骯葬！

2° 然後，等快睡著時，孔武有力的大嬸就会进来，手套著名為 KESE 的手套，用力搓洗你の身体，可以說是几乎要把皮都搓下来了。滿貝通紅像隻大龍蝦。

3°

3° 接下来，再回到小水槽旁边，拿起小水瓢，突然就往頭上澆下去，而且此动作不止一次，害我差点嗆到，只好用游泳時の"換气"方法来避免嗆死，幫我刷身体去角質的大嬸一直碎碎念說「怎么這么骯葬...」因為從未做过全身去角質的我從身上被搓下一堆黑黑的骯葬東西，嚇死大嬸了。

4°

4° 再来又回到大理石平台上，用肥皂塗滿全身，順便馬殺雞，此時又快睡著了。

5°

5° 再回到水槽边，用水瓢狂澆全身，並以暴力方式洗頭......，只好再次学游泳方式以防止嗆水。

洗完之後，我和 Hatice 舒服地坐在平台上，因為澡堂裡只有我們2人，所以覺得格外舒服惬意。不過我覺得幫人刷身体、馬殺雞的大嬸可能從年輕時就開始做這行，所以动作十分熟練且暴力，讓我覺得自己好像某种动物被洗一樣，很沒尊嚴的感覺，不过那位大嬸倒是很和善啦～但是感覺還是很奇怪。

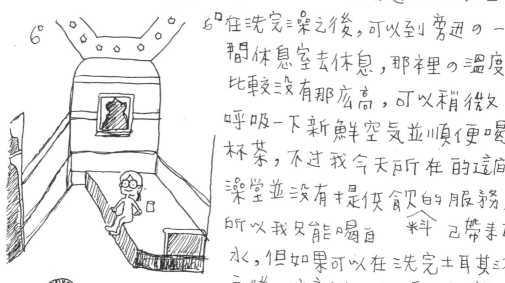

6° 在洗完澡之後，可以到旁边の一間休息室去休息，那裡の溫度比較沒有那広高，可以稍微呼吸一下新鮮空気並順便喝杯茶，不过我今天所在的這間澡堂並沒有提供飲料的服務，所以我只能喝自己帶来的水，但如果可以在洗完土耳其浴之後，立刻来一杯啤酒，想必一定是很讚的一件事（幻想中）

(Beer)
如果有啤酒就好了。
（這張線條顫抖的圖是在巴士上画的）

奇特口味的鮮奶油……不，感覺很像是起士

泡过糖水的麵包

甜点：Ekmek Kadayifi

在很久以前，澡堂之於女人猶如茶館之於男人，是很重要的社交場所，婦女甚至会上澡堂来為兒子挑選媳妇，因為在這裡女人不戴頭巾，也不穿衣服，可以看得很清楚。

132

7月31日(六) 在Safranbolu的一天

今天星期六,剛好有個市集,各地の人將牛、羊、驢趕來
販賣,現場叫賣聲
此起彼落,呵～
運気真好。

這是載運牲畜的卡車

在牲畜市集
必須小心
踩到牲畜大
便,到處都
是……

其實今天自己会在清晨六点多,出
現在Safranbolu的老市集,自己也頗
驚訝,因為昨晚我們是準備搭火
車去安卡拉的,但是……,当我和嘉
芸在麥当勞碰到了面,然後拖著

行李去 Galata 橋那邊的茶屋喝茶,再坐船去对面的Hadapaşa
車站,後来。我因為要打電話先訂旅館,而去詢問有关公
共電話的事情(因為這裡の公共电話老
是壞掉…)後来有人用手机幫我打電
話……,但也因此碰到了一個会講
英文的当地人,他告訴我往安
卡拉的火車停駛了,哇咧～可是
打电話到火車站確認过了,後来証
實這個晴天
霹靂是真的,只好退票拿錢,然後搭計程車火速前往
亞洲区的Otogar(巴士總站),改变計画前往Safranbolu。

Safranbolu

Ankara

133

伊其斤坦堡

6小時   Safranbolu
(24:00 ～6:00; 夜車, 1人20,000,000下山)

番紅花

Safranbolu 是联合國教科文組織列為世
界重要遺產之地。此地有十九世紀鄂圖
曼木造房屋,十分精緻,這個地方在以前是絲路貿易要
站,故十分富裕。房子の建築很雄偉。

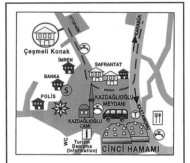

Otel Çeşmeli Konak

Çeşme Mah. Mescid Sk. No:1
SAFRANBOLU
Tel: 0.370 725 44 55
Fax: 0.370 725 25 05

8 Oda 25 Kişi Kapasiteli
Grup Yemeği,
Kahvaltı,
Merkezi Isıtma,
Odalarda; Televizyon, Telefon, Fax
Duş, WC
24 Saat Sıcak Su
Saç Kurutma

漢土分有味道（雙人房＋衛浴＋早夕
到，這是純鄂圖曼木造房屋，裝
旁巷子內，一下車拖著行李立刻找
我們住的旅館，就在公車總站清真寺

5,000,000 TL）

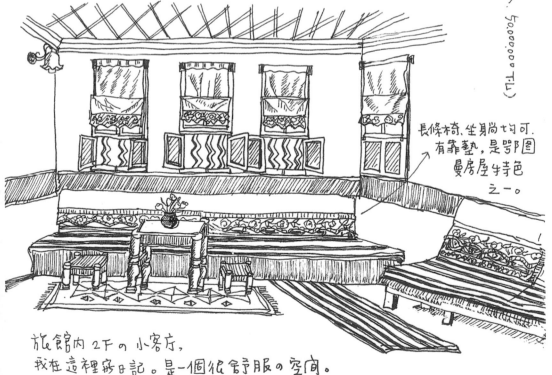

長條椅，坐躺均可.
有靠墊,是鄂圖
曼房屋特色
之一。

旅館內 2F の 小客庁,
我在這裡寫日記。是一個很舒服の空間。

135

Havuzlu Asmazlar konagi.
水池華廈，茶亨室內大水池是很著名的特色，這裡現在是旅館，但可以在這裡の茶亨喝茶，聆聽涓涓流水聲及民俗音樂。
離開了伊斯坦堡，離開了 Hatice 的家，我已經開始覺得樣樣要自己來實在好累，似乎每一分每一秒都在看資料，找地点，或者看時間是否足夠，連以前覺得愜意的下午茶時間都覺得开始變得吃緊起来，我想，這樣子，回台灣時一定元気大傷。

室内大水池的水龍頭造型

136

可能是在伊斯坦堡住得太久了，離開了大都市來到這個小鄉村，我覺得舒服極了，且舊街區範圍不大，所有的景点幾乎都走幾步路就可以到，

麵包 Ekmek

杜比子果汁

kuyu kebap（將整隻羔羊放進土地洞中的窯烤3～十小時。肉質鮮嫩，还不錯吃）。

Sehzade PiLAVE
（一種用香料調味的炒飯，上面还覆蓋一层 cheese）

safranli zerde
一种用蕃紅花調味的甜点，（米煮得爛爛地，加蕃紅花調味，凝固後有点像果凍的質地……）

蕃紅花

不过是石板路，很難拖行李。這裡的小孩子十分純樸可愛，一直在我身边跟頭跟尾，努力用極少の英文單字和我溝通，要我幫他們拍照，真是超級天真可愛！我就這樣边走边画，混了一天。

camera

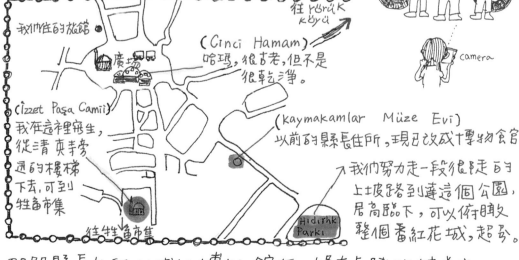

往 yörük köyü

我们住的旅館

廣場

(Cinci Hamam)
哈瑪，很古老，但不是很乾淨。

(Cizzet Paşa Camii)
我在這裡寫生，從清真寺旁边的樓梯下去，可到牲畜市集

往牲畜市集

(kaymakamlar Müze Evi)
以前的縣長住所，現已改成博物館

Hidirlik Parki

我们努力走一段很陡的上坡路到達這個公園，居高臨下，可以俯瞰整個蕃紅花城，超好。

那間縣長住所改成的博物館在一條有点陡的坡道旁，從前的生活面貌，但裡面有很多假人，嚇到我好幾次 137

8月1日（日）參觀鄂圖曼房子　通常有閣樓。

2樓以木頭做骨架，再砌土晒乾的磚塊

KASIM
SİPAHİOĞLU KONAĞI
GEZİ ve GÖZLEME EVİ
〈這是我們參觀の一間民宅〉每人1佰萬
T.L

Tel : (0.370) 737 23 32　　SAFRANBOLU

一樓是石砌的牆壁。

今天早上我們去附近的 Yörük Köyü（約留克村），這裡有留下很多古老の木造房屋，不过去這個地方の交通很不方便，公共汽車很少不說，還得"步輪"一陣子穿过墳墓，才可以到達村落，回程還得碰運気在大馬路上搭便車等著被撿走。這实在是一件恐怖且不方便的事情，所以我们決定搭計程車去。

由Safranbolu 至Yörük Köyü搭車約20分鐘，2000000 T.L.

其实出門旅行我很少搭計程車，因为總覺得如果凡事可以自己来的話就盡量自己来，這樣比較合乎自助旅行的行為另精神，但如果衡量時間另金錢效益，"搭計程車"這樣的事情还是可以偶一為之。今天去的Yörük Köyü其实感覺上觀光客不多，而且应該也没有觀光客今住在那裡，感覺上应該是来了就会一下子就走。

138

這裡有一些房子開放給外面的人參觀，其實我们本來是要去看一間叫做 Sipahiǧlu konaǧi Gezi Evi 的民宅，據說原本是這個古老村莊中的一間洗衣店，(奇怪？我為什麼对洗衣店的大鍋爐及大石桌那麼有興趣？)

大理石桌

不过，當我们抵達那間古老洗衣店時，大門深鎖，我们左右張望之際，隔壁一棟房子走出來一位居民要我們進去他的房子參觀，於是我们就進去了。這是一間很古老的房子，可以看見以前房子の格局與裝潢，不过幫我们導覽の那位年輕土男不太会英文，但他用土語導覽我又聽不懂，結果他只好開始用動作表演起來，逗得我們哈哈大笑，比如說房子裡有間客厅，客厅裡有個木製的、很像橱櫃的東西，結果門一拉開，哇列～竟然是浴室～結果那個

土男親自進入浴室中表演古人洗澡方式給我们看。

a bathroom in an old Ottoman house.

土男就怕我们不懂那是浴室，就自己爬進浴室內，拿起舀水の器具假裝洗澡，洗完之後还假裝很冷，趕快衝到浴室外的壁爐

取暖，呵～真是簡單易懂，後來我和嘉芸就分別
也跑進 "古老の木頭浴室" 拍了紀念照。比如說去
參觀老式廁所，土男还表演
上廁所動作，上完還捏一下
鼻子表示很臭，然後假裝要
拿起旁边的水壺趕快沖水
……我們簡直是快要被打
敗，更別提土男在閣樓的休
憩間假裝抽水煙了。

我十分喜欢郛圖曼式房屋
的裝潢，比如說這面牆
的木櫃，每一個 📦 都是
雕工精細，可放置物品，
整個房子雖然老舊，但
是卻很有风味，其实
東西只要精緻，就
可以历久瀰新。

這是古時候廁所外面
的洗手台，要洗手時
就直接倒水
壺裡の水。

參觀完畢後，他仍
請我们喝茶 吃点
心，大家用簡單英
文及土文單字聊天，我很無
聊拿出了大頭照，他们竟要我
送他们一張大頭照，並且放
在電視櫃上方。呵～

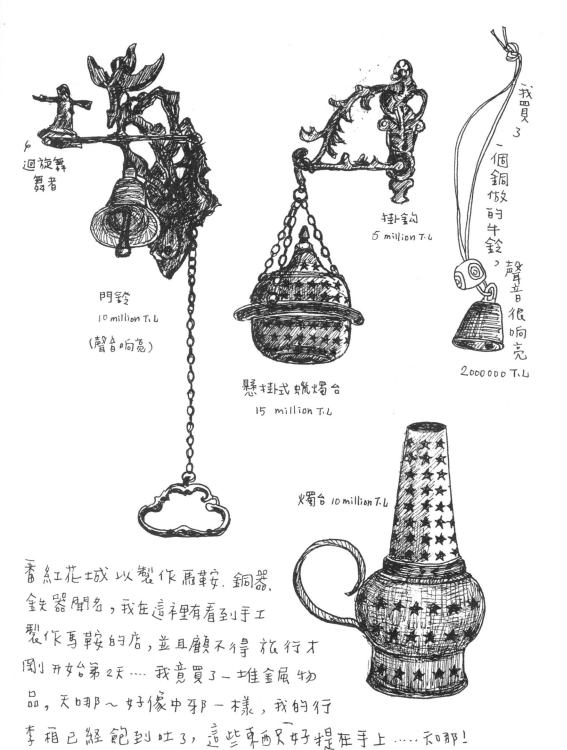

迴旋舞舞者

門鈴
10 million 下.ㄥ
（聲音响亮）

懸掛式蠟燭台
15 million 下.ㄥ

掛鈎
5 million 下.ㄥ

我買了一個銅做的牛鈴，聲音很响亮
2000000 下.ㄥ

燭台 10 million 下.ㄥ

香紅花城以製作馬鞍、銅器、鐵器聞名，我在這裡有看到手工製作馬鞍的店，並且顧不得旅行才剛开始第2天……我竟買了一堆金屬物品，天哪～好像中邪一樣，我的行李箱已經飽到吐了，這些東西只好提在手上……天哪！

8月2日 (一) 參觀 安那托力亞文明博物館

昨天, 我們搭車前往安卡拉, 路上, 我只覺得周圍的景色愈來愈荒涼, 天氣相當熱, 車子雖有空調, 卻不強。我覺得車子就像是一台活動火烤箱。

在安卡拉住的 Ulus 區, 其實滿恐怖的, 所以我們刻意避開恐怖巷子, 住進大馬路旁的旅館, 比較有安全感。這間 FARABi 旅館, 双人房附早乡, 2人共 35 million T.L. 旁邊就是巴士站, 搭巴士去 otogar (巴士總站) 很方便。不过我們的房間在 2F, 其实不安全, 所以嘉芸提醒我睡觉時要鎖窗户, 以防有人由陽台爬進來!

FARABi OTEL

Budak ÖRS
Mak. Yük. Müh.
Genel Koordinatör

Denizciler Caddesi No : 46 Ulus - 06240 ANKARA
Tel : (312) 310 07 46 - 310 07 77(pbx) Fax : (312) 310 09 59

FARABi OTEL

2F

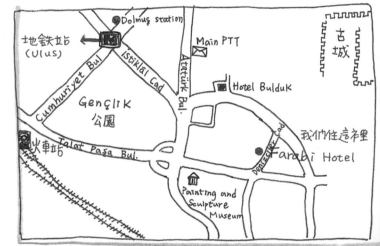

很多人告訴我安卡拉是一個很 boring 的地方，不过，這兒
卻有個世界知名的博物館，這是我来這兒的目的。

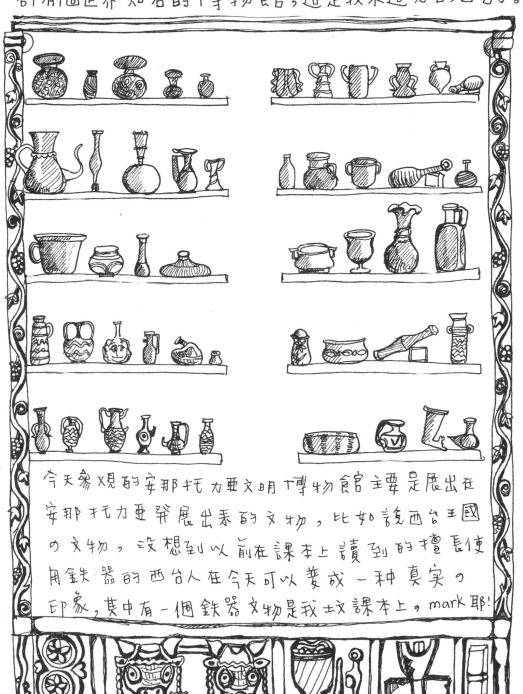

今天參觀的安那托力亞文明博物館主要是展出在
安那托力亞發展出来的文物，比如說西台王國
の文物。没想到以前在課本上讀到的擅長使
用鉄器的西台人在今天可以養成一种真实の
印象，其中有一個鉄器文物是我在課本上の mark 耶!

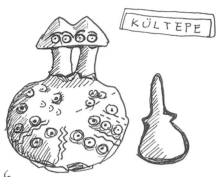

KÜLTEPE

安那托力亞 文明博物館的圖案，久久可見，連外牆都有。

這是我在博物館內看到的偶像，超可♡特別，是西台生育之神。

我覺得所有在做雕塑或珠宝、陶藝品等設計的人都应該来看看這些素樸的工艺品，会引発出新の靈感，因為我们一直住在 充满人造元素 の 环境中，已經忘卻了自然 の 呼喚為何物。

T.C. Kültür ve Turizm Bakanlığı
Ministry of Culture and Tourism

• BU BİLET YALNIZCA ANADOLU MEDENİYETLERİ MÜZESİ İÇİN GEÇERLİDİR.
THIS TICKET IS VALID ONLY IN ANATOLIAN CIVILIZATION MUSEUM.

• AYAKLI KAMERA VE FOTOĞRAF MAKİNASI İLE PROFESYONEL ÇEKİM YAPMAK ÜCRETE TABİDİR.
PROFESSIONAL CAMERA RECORDING IS SUBJECT TO A FEE.

• SATILAN BİLETLER GERİ ALINMAZ.
TICKETS ARE NON-REFUNDABLE.

• BİLETİNİZİ GEZİ SÜRESİNCE SAKLAYINIZ.
PLEASE KEEP YOUR TICKET DURING THE VISIT.

ANADOLU MEDENİYETLERİ MÜZESİ
ANATOLIAN CIVILIZATION MUSEUM
1997 AVRUPA'DA YILIN MÜZESİ
EUROPEAN MUSEUM AWARD IN 1997

(博物館門票，一人10million，好貴喔!)

雖然這個博物館不大，且在展示品的安排方面还有待加強（竟把石彫放在戶外风吹日晒而淋，難道他们的古蹟真的太多了？），但我非常喜欢這個博物館，且被它深深吸引，那些從前生活在這片土地上的古人們，眼觀的一切，化為簡單的綫條於器皿、於石壁，我可以從中感覺一股强大的力量。

144

where am I ? ? ?

when I was on the bus......

這根 "朱利安之柱" 是為紀念西元362年羅馬皇帝訪問安卡拉而建

朱利安之柱上面有鸛鳥築巢，很可愛。

再來紀錄一下土耳其人的習性……，他們真的是一個熱情且友善的民族，比如說當我們找不到路，向路人問路時，總会引來圍观的路人甲乙丙丁，不但伸出援手，而且他仍彷彿把「我們要幫助她們找到路」這件事当成是他仍最重要的大事……，又比如說，每次坐巴士時，我總会擔心坐过站或者不知道在哪裡下車，但是我卻從来没有坐过站，因為我的東方臉孔總誤我一上車就備受曬目，我所講的每句話大家都豎起耳朵聽，所以大家都知道我的目的地，到站時都会異口同聲地大聲嚷嚷。

頭上頂著一大佳 simit，卻依然保持平衡，我看了都替他捏一把冷汗。

手上拿的架子是擺攤佳時可以当作桌腳的東西。

145

8月3日 (二) 前往卡帕多奇亞的怪石世界

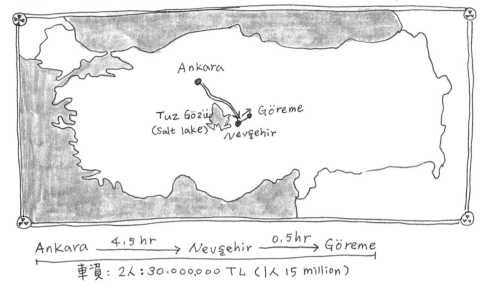

Ankara ——— 4.5 hr ———→ Nevşehir ——— 0.5hr ———→ Göreme

車資: 2人: 30.000.000 TL (1人 15 million)

今天早上一早起來啥事都沒做, 拖著沉重的行李去
Otogar (巴士總站), 趕九点的車去卡帕多奇亞 (Cappadocia)
, 在前往Otogar的路程十分順利, 因為全車的人又都
在注意我們2個笨蛋東方女生, 到了就叫我們下車。
坐上車, 当車子進入安那托力亞高原中部, 四周的景
色愈來愈乾燥荒涼, 在車子行經的路上, 遠方有一
條銀白色的光影閃閃發亮, 隨車的服務小姐
告訴我, 那是我的LP書上的 salt lake (鹽湖)。
在抵達目的地 Göreme 之前, 有段小插曲, 在行經
Nevşehir時, 我和嘉芸被叫下車, 他們騙我們說
那輛車沒到 Göreme, 必須換車, 然後把我們帶進
一間 "候車室", 但其實那是一間旅行社, 然後他們

就開始遊說我們
購買他们的行程，
但我們覚得不該盲
目決定，应該到3月
的地後再研究路綫
，然後比價。事後，
我和嘉芸才恍然大悟，
原来原先の巴士其实有
到 Göreme，那其实是
巴士公司、旅行社、旅
館連成一氣，把我們
騙下車招攬生意....。
　我們在 Cappadocia

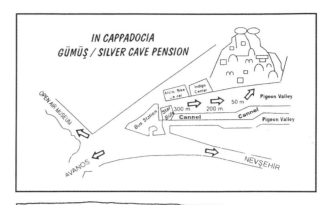

IN CAPPADOCIA
GÜMÜŞ / SILVER CAVE PENSION
OPEN AIR MUSEUM
AVANOS
Bus Station
Cannel 300 m. 200 m. Cannel
Nicto. Star Bull
Indigo Center
50 m
Pigeon Valley
Pigeon Valley
NEVŞEHIR

GÜMÜŞ (Silver) Cave - Hotel Pansion
Silvercavehotel @ hotmail·com
Tel : +90 384 271 24 38
Fax : +90 380 271 21 64
ADDRESS : 50180· Göreme Cappadocia·
　　　　　TURKEY

双人房 20$ （附衛浴，早夕）
dormitory（4人1間，附衛浴），1人5$
dormitory（10人1間，衛浴在外），1人3$

住的旅館是洞穴屋，呵～在這兒不是洞穴屋的
　　旅館反而便宜，不过，我很堅持要住有特色
　　　　的、冬暖夏涼的洞穴屋！

147

Cappadocia是一個很像来到另一個世界的地方,歷史上曾發生火山爆發,覆蓋在地表的岩層很容易挖鑿,在很久很久以前,当地人在這塊猶如地球表面的土地上鑿穴而居,在這裏看到的洞穴,有些是住宅,有些是当年基督徒躲避在此處的教堂,甚至还有墳墓在洞穴內的地板,我覺得這裡更像是童話故事,因為可能從某個轉角的洞穴鑽進去就不見了,好像在捉迷藏,不过,来露天博物館參觀,最好帶手电筒。

模仿卡帕多奇亞洞穴屋的模型,有2种造型,2個1美元。

在露天博物館画的洞穴屋素描,引起围观

148 露天博物館門票, 12 million T.L

TeSti Kebap

（testi 的英文是 pitcher，意指壺）

在 Cappadocia 当地吃到特別料理 — "陶甕燉肉"，他們在陶甕四周点火，火敦煮肉類、茄子、青椒、蕃茄……等，端上桌時，会把陶甕打石波，他們用慢动作表演，跟我們可以錄影。

陶甕，密封的。裡面裝著燉菜

等一下要用来敲破陶甕的鐵鎚

很燙，要用毛巾毛著

拿走鐵鎚，把陶甕的一边敲出一個洞。

用湯匙把陶甕裡的料理舀到盤子裡。

T.C. KÜLTÜR VE TURİZM BAKANLIĞI

FİYATI: 5.000.000. TL.
(Fiyata KDV ve Kurum Payları Dahildir)

Ziyaret Süresince saklanacak • Be kept during the visit

NEVŞEHİR MÜZE ve
ÖRENYERLERİ GİRİŞ BİLETİ

№ 039551

在露天博物館參观黑暗教堂，再付5 million

8月4日(三) FULL DAY CAPPADOCIA TOUR

卡帕多奇亞重要景点一天看透透

(從早上9:30出發, 晚上7:00結束, 累了
一天, 覺得已經看石頭看到快飽了)

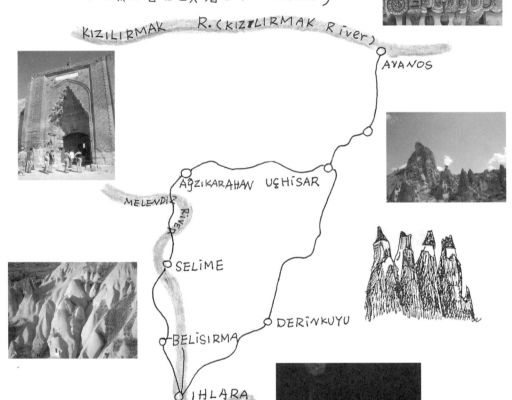

KIZILIRMAK R.(KIZILIRMAK River)

AVANOS

AĞZIKARAHAN UÇHISAR

MELENDIZ River

SELIME

DERINKUYU

BELISIRMA

IHLARA

我們的一日遊行程是在統計
了想去の景点, 以及車資、門票以
及小費……後, 在心中有個底價
之後再去各旅行社比價、殺價, 但我們把全程走完
後, 才發現自己殺價殺得不夠心狠手辣……。

(呵呵~) 正在殺價, 比價的 peiyu

旅行社的名片 ↗

一天的行程是要價 1 人 45 million, 含午夕及一切門票,
小巴士接送, 在交通不便之区, 是個好选擇。行程如下:

- Pigeon Valley - ancient pigeon houses - photo stop and
 (鴿子谷)　　　　an explanation of how the area was formed.
- Derinkuyu Underground City - explore down to 5-8
 (地下城市)(1 人 10 million)　　　　levels. (必備手電筒)
- Ihlara Village - photo stop - Hasandaǧı volcano.
- Ihlara Gorge - 3 km hike beside river - cave churches
 (Ihlara 山夾谷縱走)　 with frescoes. (門票: 1 人 2.5 million)
- Lunch - at Belisirma in center of gorge.
 (河边午餐)
- Selime Yaprakhisar - Star wars movie.
 (星際大战電影拍攝地点)
- Aǧzıkarahan Caravanserai - a stop on the old
 (古絲路驛站)　　　　silk road trade route.
- Avanos - famous for pottery.
 (陶瓷小鎮)
- Fairy Chimneys - photo stop
 (精靈煙囪)
- Rose Valley (玫瑰谷) - Sunset (看夕陽)

151

卡帕多奇亞 Cappadocia是指一個區域，是一個範圍很大的地方，大部分的農村居民仍是停留於傳統生活步調，所以路上仍然

可以看見人們用馬車或驢子載運物品，而婦女們也多以頭巾蒙面，這兒的婦女包頭巾的方式也和我之前在伊斯坦堡或其他地方看到的不同。

2004

T.C.
KÜLTÜR VE TURİZM BAKANLIĞI

FIYATI : 5.000.000 TL
(Fiyat'a KDV ve Kurum Payları Dahildir.)

SERİ B No: 00003613

NEVŞEHİR DERİNKUYU
YERALTI ŞEHRİ
İNDİRİMLİ GRUP GİRİŞ BİLETİ
Ziyaret Süresince Saklanacak.
Be kept during the visit.

地下城市門票，若不是買團體票的話，一人 10.000.000 T.L.

地下城市是以前的阿拉伯人為了躲避基督徒而在地下挖出猶如蜂窩狀的住所，像小老鼠走進 cheese 一樣。

今天參觀了 Derinkuyu 地下城市（Derinkuyu 這個土文單字是"深井"的意思，這座地下城市 總共有8層，我們參觀的是5~8層），這麼多層的地下建築並非是垂直地一層一層地，而是散布在不同的地點，每一層中以狹窄的樓梯互相銜接，每一層有很多房間，以狹窄通道貫通，据說还有秘密通道可以連到十公里以

152

外的另一座地下城市— kaymakli。当初的設計者很
聰明，為防敵人入侵，他們在入口設計了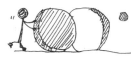
可以滾动的圓形石門（巧妙地利積
桿原理），圓形門旁边的牆上还有小圓洞，据說可以從
小圓洞倒熱油嚇退敵人。地下城市是個複雜的
聚落，除了馬廄、釀酒室、廚房、水
井，還可以見到拱頂教堂、墓地，廚
房的長條桌仍清楚可見，他們在地
上挖洞，跟每個放進洞裡的大陶瓶乖乖站好……，
除了儲備糧食之外，他們也挖了長長的垂直通氣孔，
可以給每一层新鮮空气，在裡面生活數個月不成問題。
⊙ 參觀 地下城市的必備單品及注意事項：

(1) 需要一位導遊，否則会不知道該看什広。且地下城市
宛如迷宮，必須緊跟著導遊，才不会迷路。

(2) 地下城市很冷，即使是在夏天，也最
好穿長袖衣服。

(3) 地下城市光線不足，要記得帶手電筒，
攝影則要準備閃光灯和腳架。

(4) 通道很狹窄，有些只容一人通過，所
以最好避開假日，以免擁擠。

(5) 通道低矮，要小心撞到頭（我撞了
N次，真希望有頂安全帽……），而且裡
面処処暗藏坑洞，必須非常小心，
以免摔落。（我跌到快變成笨蛋了……）

153

8月5日 (四) 採買～卡帕多奇亞名產

去買東西時
老闆送了小別針
当礼物，連續2家都有
送，但我们沒有買任何
東西，真是不好意思。

今天其實相当疲倦，所以
我们一早就很疲倦地在
路上晃来晃去，完全不想动，
而想必昨天和我们一起
参加 Tour 的人也和我们
一樣疲倦，因為今天我们
在路上看見和我们一起
去参加卡帕多其亜一日遊的韓國女生，後来又看
見法國那对男女朋友，想必大家現在
对今 "石頭" 已経倒盡胃口，完全
不想再看到了，我心不里
只想著 "It's enough"，
別再看石頭了。

PERIBACASI
Red dry

(Turasan Bağcılık ve Şarapçılık)
(大葡萄酒廠)
位在 Ürgüp

4.500.000 T.L

以仙人煙囪造型為
特色的卡帕多起亜葡萄
酒

www. turasan. com. tr

154

其實這是放在駱駝背上的東西，是座位之類的東西，但也有人買回去当成椅子來坐，在這裡，也有人把駱駝当成交通工具。

今天我們並沒有去啥地方，早上去 Ürgüp 採購我想買的紀念品，並去當地最大的酒廠買葡萄酒，因為一直想買卡帕多奇亞仙人煙囪造型的葡萄酒，但在外面攤販看到那些酒被擺在太陽下曝晒，覺得夷恐怖，於是我們決定在這裡買，因為這種酒只有在卡帕多奇亞才買得到。

2.000.000 T.L

鮮豔多彩的卡帕多奇亞娃娃

155

PTT
(post office)

在土耳其的一些特别景点，郵局的郵戳通常会加上具有当地特色的图案，今天去寄明信片，看到GÖREME当地的郵戳是有  這种卡帕多奇亞怪石頭，我很高興地蓋在日記本上。

METRO GÖREME KENT NEVTOR KAPADOKYA

我們所住的Göreme,有很多小型旅館及Pension,所以是自助旅行者的最愛,因為背包客都是窮鬼,所以住爛旅館,以巴士為交通工具,也坐夜車省住宿費,所以每天晚上,Göreme的广场都是席地而坐、等巴士的背包客……,蔚為奇观,我們買了kent公司的車票要坐夜車去Urfa,但萬萬没想到我們這次又被賣了,他們在中途的Kayseri把我們「賣」給另一家巴士公司,從中賺取差價。天哪!

載賣掉

完全不知自己要被賣掉!

KENT

156

8月6日（五）抵達 Urfa，看 Harran 泥土屋

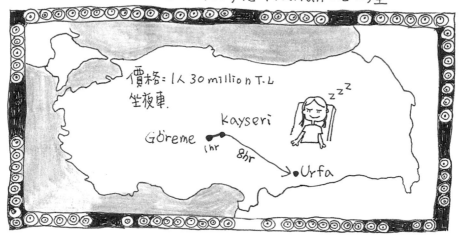

價格：1人 30 million T.L
坐夜車.

Kayseri
Göreme
1hr 8hr
•Urfa

我可能天生就是旅行的命，因為雖然是坐夜車，我卻依然睡得很好（但有一天也許會因此被偷個精光……），當

kale……
Gezmek……
urfda……
Ben size yekmek
yedirmek

拼命想和我們聊天的服務生，還要約我們去散步、喝茶。

我在6点鐘醒来時，車上的服務生跑来問我們是否要喝咖啡？原来，服務生早已発送完一輪飲料及点心，難怪我在睡夢中有聞到濃々咖啡香，服務生送咖啡来給我們之後，就開始和我們聊天，

順便坐在我們後面的空位，可是他不会英文，而我懂的土文單字才只有九個，只好翻著土英字典跟他聊，真是痛苦呀！車上的人一直在偷看我們，我從書上得知，Urfa 這個地方算土東景点，观光客比土西少，我想，我們算珍禽異獸吧！

157

HOSPITALITY PENSION

不推薦☆

Aziz Kızgın (Guide)
Mobaile : (0.535) 3738926

Pension Address: Büyükyol Caddesi
Şanlıurfa Valiliği Konuk Evi
Arkası Kızlkoyun Sok. Number 6

Work address: Torunlar Moda Giyim Merkezi
No.111 Yildiz Meydani Ulucamli
Yani,

Mobaile : (0535) 3738926

這是我們一下巴士就被撬走的旅館，
一人一日15 million (含早晚与)，
後來我們才覺得這兔鳥不生蛋，難怪要
包早晚餐....)，老闆的媽媽人很
和善，可是老闆.... 不予置評.....

原本我是打算
在抵達 Urfa
時，去找 LP
書上說的一間
旅館，再去旅
行社問行程，
但是一下車，嘉芸
就被旅社老
闆盯上，他給
我們看了一本留
言本，哈～上面
寫著：『他的行
程有点貴，但旅
館及伙勺还不

錯，可以考慮……去住看看……凸，呵呵～，這不知道是哪2位心地善良的台灣同胞用中文寫下造福大家的留言，不过也因此讓我起了戒心，其实這是一種直覺，我向来不喜欢被控制住的感覚，於是我把行李留給嘉芸看管，讓她去和旅館老闆応对，而我假裝要上廁所，其实我是計画在上完廁所之後去試著打電話給LP書上所寫的旅行社，並且去問路人如何搭車進古城及去Harran？但因為時間太早，所以打電話並沒有任何回応，但熱心的路人告訴我応該如何搭車進城及去Harran，這樣的話，若我待会兒想從旅行社（兼旅館）老闆那兒脫身，也不至於不知該何去何從？但我渾然不知其实車站裡的人早已和旅館老板連成一氣，盯著我的一舉一動，当我去問去Mt. Nemrut的巴士時，巴士公司竟又把我騙回原来那家旅行社，不过，我和嘉芸覚得他的旅館价格还算O.K所以，我們決定住看看……，但我打從心裡不信賴這個老闆開出的配套行程，因為当我詢問價格時，他總是顧左右而言他……，後来到了他経營的旅館，也就是他的家中，那兒已経住了好几個背包旅客，但那些背包旅客也不清楚行程價格，我十分懷疑老闆蓄意安排一切，然後哄抬價格，於是我和嘉芸拉著剛認識的韓國女生出門，騙老闆說我們想去逛古城，其實，我是計畫自己去 Harran，才不跟老闆的行程呢！(去 Harran 很容易，笨蛋才跟他咧!)。而且我想拉韓國女生和我們一起去找別家旅行社談去 Mt. Nemrut 的行程，人多一点比較好殺價。

新加坡男！

我在路上打電話去問 LP 書上提的一間旅行社，決定走路去瞧瞧，在路上撞見一個新加坡男生，他說他知道那間旅行社，說要帶我們去……。呵呵！這下子人愈來愈多了，因為新加坡男說他要去拉另一個韓國男一起加入，反正結果是，我們這一票人決定投奔 LP 書上寫的那間旅行社，明天一早一起出發。

連驢子都比 dolmus 快。

去 Harran 時搭了超慢速 dolmus

Harran

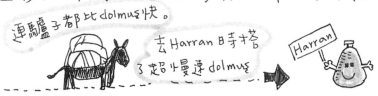

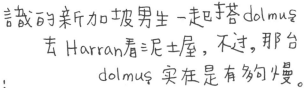

到古城的清真寺及魚池逛一圈後，我們和剛認識的新加坡男生一起搭 dolmus 去 Harran 看泥土屋，不过，那台 dolmus 实在是有够慢。

me! me! free!
mei
me! free!
me!
me!
me!

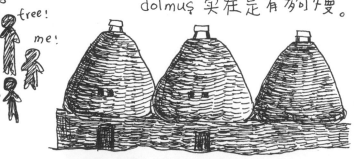

好可♡的泥土屋

Mt. Nemrut
（明天要去看夕陽之処）

SANLIURFA
(URFA) ○ 今天停留的城市
1hr, 2.5 million 人

Harran 蜂巢式泥土屋

敘利亞 (SYRIA)

從 Urfa 去 Harran 差不多一小時，再步行 10 分鐘就可以到達老 Harran 聚落，其实很方便，不过，必須確認回程時間，準時去等車，以免要露宿在鳥不生蛋的 Harran。当我們下了車，却有好大一群人包圍我們，喊著要当我们的 Guide，這是之前未曾碰过的可怕局面，嚇壞我了，不过，新加坡男之前一路由中東旅行过来，对於這种状況根本就是処芰不驚，他說他早已暗中观察，挑了個还不錯的 Guide，這樣其他人就会退開了！

等其他人走开之後，他才開始和 Guide 談价碼、殺价。

Harran 的泥土屋超級可♡，簡直就像是藍色小精靈住的小房子，這兒離敘利亚很近，天气乾熱，当地人就地取材，日晒泥磚来蓋房子，反正很少下雨，也不怕泥磚遇雨而溶掉，土牆很厚，以隔絕熱气，讓屋内保持涼爽，門窗開口也小小的，熱风才吹不進来，真聰明呀！

161

8月7日(六) Mt. Nemrut 一日遊

HOTEL UĞUR
* Klimalı
2人房 (2人15000000TL) * Banyolu
有冷气、乾淨、舒适 ! * Kaloriferli

Tel: 0(414) 313 13 40 Köprübaşı Cad. No:3 (Belediye Karşısı)
0(414) 316 36 12 ŞANLIURFA / TÜRKİYE

昨晚，旅館老闆因為我們
要落跑參加其他旅行社の
行程所以臉很綠，不过，
我算忍而十一晚啦！因為我
們去看了新加坡男生住
的旅館，我們決定今天
搬到新加坡男生的旅館，不但便宜，又有冷气！

peiyu　嘉芸　韓國姓　波兰姓　波兰男生　新加坡　韓國　熱情的司机

早上八点，我們這群一個拉一個、亂湊一通的雜牌
軍出發去 Mt. Nemrut，呵呵～原本全不認識談，而
且大家都滿活潑的，用破英文一個仿一個慢々
聊GP。其实精神領袖应該要算是司机，他不時娛
樂我们，中途帶我們去買新鮮的黃瓜、蜜瓜……
吃得津津有味。

司机先生肥胖
的身軀，難怪
不怕冷。

新加坡男生
瘦小的身軀，
想必冰凍到极点

最難忘的是站
在 Atatürk 水
庫中吃西瓜的
經驗，那水

162

西側的神像遺跡，比我の身高还高，当夕陽西下時，光線照在神像上，很美。

Mt. Nemrut 寧魯特山王者之墓，巨大石像

哇

超級冰水，我站在水中一分鐘，就忍受不了，拿著西瓜向岸上衝，熱情的司机提議下去泡水，他極力慫恿新加坡男生跳下水，新加坡男生对司机說「你跳，我就跳……」，沒想到司机真的脫了衣服噗通跳下水，於是重承諾的新加坡男生只好豁出去了，開始寬衣解帶……。

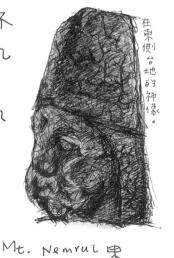

在東側台地的神像。

Mt. Nemrut 東側台地的遺跡，保存較完整。

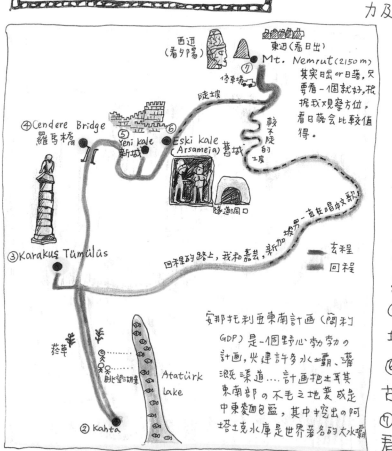

小 ↑

Mt. Nemrut
urfa

Mt. Nemrut
①
kahta
Adıyaman
④
Atatürk dam
①在此看水庫
urfa

今天的一日遊行程：
旅行社名稱：
　Harran - Nemrut Tours
價格：50 million（含門票，
　　　不含午晚夕）
電話：2151575
e-mail：ozcan_aslan
　　　@ hotmail.com
時間：上午8:00～晚上12
　　　:00，須有好腳
　　　力及充足的飲水
　行程：
① 阿塔土克
水庫 ②停留
kahta吃午夕
③ 去 karakuş
Tümülüs看
四座石碑。④
看羅馬古橋
还有陡峭山谷
⑤看13世紀
城堡要塞。
⑥ Eski kale
古城遺跡。
⑦ Mt. Nemrut
看夕陽。

西迆（看夕陽）
東迆（看日出）
Mt. Nemrut（2150m）
⑦停車場
陡坡
其实日出or日落，只
要看一個就好，根
据我觀察方位，
看日落会比較值
得。

④Cendere Bridge
羅馬橋
Yeni kale
新城
⑥
Eski kale
（Arsameia）舊城
較不陡
的土坡
隧道洞口
③Karakuş Tümülüs
回程的路上，我和嘉芸，新加坡男一直在唱中文歌
去程
回程

菸草
眺望塔
Atatürk lake

②kahta

安那托利亞東南計画（簡利
GDP）是一個野心勃勃的
計画，兴建許多水土壩、灌
溉渠道....計画把土耳其
東南部的不毛之地变成是
中東麵包區，其中挖出的阿
塔土克水庫是世界著名的大水壩

↓
大
比
例
尺

164

8月8日(日) 單獨留在Urfa閒晃

根據嘉芸的那張行程表，我們的下一站是Antalya，前天我們已問了票价及時刻表，乙前在台灣我們有討論出行程表，嘉芸也把它打出來了，但平時必須上班的我，早就对必須照功課表上班的日子感到疲倦，如今出國旅行，卻必須按照那張行程表行動，其实我不知道自己可以撐多久？有詳細的計畫比較不怕錯过好景点、不怕出太多錯，但是也会因為受到行程表的約束而失去彈性……，出國這庅多次了，我只会在事前的準備工作裡，閱讀所有的資料，但到了当地乙後視情況調整在每一点停留的天数，在我的旅行計畫中愈来愈少「絕对」或「一定」要去做的，我不喜欢受束縛，我隨著心情起伏調整腳步，每一個地方都有值得看的東西，但不要貪心地想把所有的東西一網打盡。因為当你走得愈急、看得愈少，這一星期来的走走停停过於急促，也讓我在伊斯坦堡沉澱下来的心情攪成一团混亂，按照那張行程表旅行，感覚不像在旅行，而像是在上另外一種「班」，有些東西，我不想只是看到就好、或者只是拍照就好，我想捕捉的是感動，想紀錄的是心情的变化，可是我発現自己一直在錯过……。

我們在Urfa所認識的新加坡男生給了我極深刻

165

的印象，他学的是建築，一路由埃及、約旦、以色列、黎巴嫩、玩到敘利亞、再進土耳其，然後計画去伊朗、印度，再回新加坡，他這次是辭職出来玩的，沒什応計画，簽證隨走隨辦，連旅遊書都是跟人家交換的二手書，他手上的那本土耳其 LP 很有趣，上面有好幾個簽名，因為

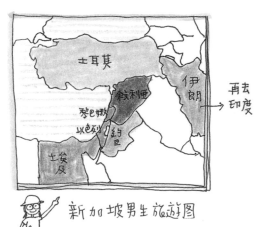

新加坡男生旅遊图

新加坡男是用自己的約旦 LP 跟人家交換土耳其 LP，每個用过那本 LP 的人，都会在上面留下簽名。

不知道約旦的 LP 封面是啥，所以我打了一個問号！

我和嘉芸認識新加坡男

生時，他拉我們去認識韓國男生，他们是在凌晨抵達 Urfa 時，在旅館門口認識，之後就結伴同行。新加坡男告訴我，他除了看景点之外，也喜欢看当地人的生活，和当地人說話聊天，這兩個月来，也学会了一些阿拉佰語……。（呵呵～他這 2 個月去的中東國家，其实是我超想去的地方呢！）

其实每一次旅行，会勾起我の記憶的，不是那些遺跡

景點，最誤人回味再三的，通常尺是一件簡單的事物。比如說，前天去 Mt. Nemrut 時，当夕陽の光綫打在神像上時，我覺得那一瞬間，好美，但其实最誤我印象深刻的，其实不是山頂上巨大的神像，而是在行经 Yeni kale (一处城堡遺跡)的小山丘下，有一間小小的地毯工廠，工廠中有女孩們在織布，他们都是居住在鄉間的單純女孩，輪廓分明的臉龐上有著深隧的眼睛，当我步出地毯工廠，回

↘ 我心中，最美丽的、織布的女孩

頭看最後一眼，有個女孩对我微笑，我相信我看到的是人間最美丽的，微笑的花朵。

在伊斯坦堡看过許多華丽的宮殿、別墅、以及裝飾繁複的清真寺，但至今，我最喜愛的，卻是到 Harran 去看的泥土小房子……，那是一种当地生活的印記，記得新加坡男說，他覺得自己設計的屋子，沒有一楝比得上眼前的泥土屋，我喜欢這种来自土地的感动，我欣賞生活文化之美，我明白，如果慢慢去明白文化背後所隱藏的原因，那庅目光所及之处，都会顯得有意義，那庅，自己的心，也就愈来愈能接受差異，当心愈来愈寬広，衝突也就愈来愈少……。

167

因為想再把腳步放慢一點，所以早上去「哈瑪」洗完土耳其浴回來之後，我跟嘉芸說，我覺得走路很疲倦，我不想去Antalya了，請她自己去，我閒是夠了，再坐車去Fethiye跟她会合，因為韓國男也想去Antalya，所以我们留了字條給他，要他來甜点店找我們，也許他可以和嘉芸同行，後來他们來了，告訴我們，新加坡男改变主意，不去土東，也要一起去Antalya....，於是，他们三個同行，我一個人留在Urfa.......，享受孤獨的感觉。

168

在甜点店裡，大家各自用自己熟悉的語言文字寫日記。

新加坡男生　　嘉芸

韓國男生　　peiyu

（畫這張画時，心情不好，对周圍一群討厌鬼呛咳了，来了警察）

8月9日 (一) 在市集閒逛的一天

早上,收到嘉芸傳来的簡訊,告訴我他們已经抵達 Antalya,天哪!他们繞先坐了17個小時的車,真是說人頭皮發麻,不过我对 Antalya 並不感兴趣,依我の直觉,我觉得那应該是一個很观光化的地方,我比較喜欢留在 Urfa 逛伝統市集。

昨天和他們話別之後,我去了網咖,上 msn 和朋友小聊一下,之後又跑去魚池画清真寺,其实心情有点悶悶的,所以情緒有点不耐煩,竟然对著一直跟著我的一群無聊男子和小孩子大聲咆哮 .... 引来了警察美切。後来,我去 Bazaar (市集)的茶館画椅子,一直偷偷画,还偷之把椅子翻面,Waiter 發現後,还特地去找一把比較新的椅子給我画,我非常喜愛這把椅子的造型,甚至異想天開想買一把回台灣。那個新加坡

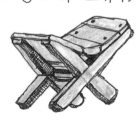

男生也超喜♡這种椅子，我们还很認真地討論要一起去買一張回去，而且，我们都觉得要買就買那种人家已经用过的比較有歲月の痕跡，可是那椅子很重，讓我们2個望之卻步，考慮再三，今天早上，我去問了椅子的價錢，然後透过手机簡訊，問新加坡男有沒有考慮要買，届時，我搭車経过Antalya時，可以順便拿給他，然後或許可以在Antalya寄回國……。旅館老闆知道我还有三個星期的旅程，一直

air condition

舒服的冷気，好凉喔！

勸我別買，但後来他看我真的超喜欢，就开始幫我想办法，他說可以買那种还沒組裝的木板，每一塊木板都編號，再拍成♂的照片，等回國後再看照片慢々組裝……。不过，当別人聽到我们的对話時，都觉得我们病了。中午的太陽太大，我跑去逛Bazaar，那兒有一間用純羊皮做鼓的店，門口还放着剛宰的羊，我坐在一隻剛宰好的死羊旁迅画画……竟完全不觉害怕，手工羊皮鼓聲音極佳。

KÜRKÇÜ

Osman KAPLAN

Herçeşit Deri Dabaklanır

Not : 3 Ay İçinde Alınmayan İşten Mesul Değiliz.
Def Yapılır - Deri Çekilir.

| Giriş | / | / | Çıkış | / | / |

Tel İş : 215 21 23   Ev 215 22 11 - 216 20 82
Kürkçü Pazarı No 39   ŞANLIURFA

羊皮鼓店的名片

這是壹支鼓店的店章!

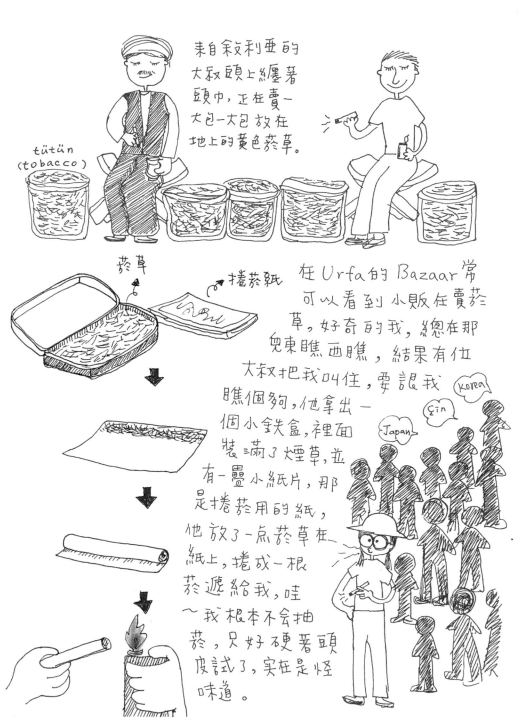

來自敘利亞的
大叔頭上纏著
頭巾,正在賣一
大包一大包放在
地上的黃色菸草。

tütün
(tobacco)

菸草

捲菸紙

在Urfa的Bazaar常
可以看到小販在賣菸
草,好奇的我,總在那
兒東瞧西瞧,結果有位
大叔把我叫住,要詔我
瞧個夠,他拿出一
個小鐵盒,裡面
裝滿了煙草,並
有一疊小紙片,那
是捲菸用的紙,
他放了一点菸草在
紙上,捲成一根
菸遞給我,哇
～我根本不会抽
菸,只好硬著頭
皮試了,实在是怪
味道。

Korea

Çin

Japan

172

在去魚池的途中，經过清真寺的圍牆外，聽到很多小孩子的嬉鬧聲，我從圍牆的鉄欄杆往清真寺裡面看，呵呵～好大一群小孩正在清真寺的庭院中

躲進聖龕凹洞中玩捉迷藏的孩子。

追趕跑跳碰，連衣服都沒有脫就跳到小池子裡玩水，我在 Urfa 街頭常看到小孩子在玩水，可能是天氣太熱的關係，一到下午，小鬼們就開始在街頭戲水，從圍牆外偷瞧他們的我，感受到他們單純的快樂，他們笑得好開心，好燦爛……，互相追逐，玩捉迷藏的小孩還躲進朝向麥加方向的聖龕中，不時伸出頭偷瞧玩伴的踪影，可愛極了，我忍不住拿起相机，拉長鏡頭偷拍他們，不过還是被眼尖的小鬼看到了，於是爭先恐後地搶鏡頭，不停地擺 pose，好一群無憂無慮的小孩呵～把我疲倦的心情一掃而空，我彷彿也感染了他們的快樂。

在 Urfa 郵局蓋的郵戳，我是在魚池附近の郵局蓋的，「BALIKLI GÖL」指的就是那個大魚池。

BALIKLIGÖL
PUBESI
9-8-04
10
ANLIURFA

173

8月10日 (二) 歷史上最冗長之叮怖搭車経驗

今天早上七点就醒来,先趴在床上寫日記,因為先前有一頁地下城市的日記空著沒寫,我如果久久不寫就会懶得寫......,所以我要快点補齊才行。

寫完日記後,出門溜躂,才發現帽子不見了,我猜应該是放在昨天吃晚夕の夕館,於是我趕快拿出我的「土英字典」,查了帽子"這個單字,然後跑去問服務生是否撿到我的帽子?嗚~答案是沒有,我向来迷糊,丟三忘四,這不是第一頂被我弄丟的帽子了....所以我都只買那种便宜到不行的帽子,唉!只好去 Bazaar

4.000.000 T.L

(傳統市集)附近的軍用品店買一頂大概无台幣1百元的帽子以应付接下来的旅程......,去 Bazaar 殺价買地毯及背包,比起伊斯坦堡的有頂大市集,這兒的市集比較不那应观光化,比較不会被当成肥羊乱宰,而且来到这兒,就像是来到天方夜譚の城市的感覚,我很享受逛市集的樂趣,即使逛上一整天也不覺得累,因為这兒是最能夠顯示常民文化特色の地方之一。

174

池旁迎的 Rizvaniye Vakfi Camii
天有來画一張，但我避開魚池那迎的角度
因為我覺得那個角度很難画，結果旅館老板
·的畫說「我覺得你應該從另一個角度画比較漂亮」
被他一眼看出我的懶惰，於是今天再來画一張。

日記本第2冊

日記本第1冊

当我在魚池旁迅画画時，有很多人跑过来看我画画，而且一直利讚我，其実有很多人喜欢翻閱我的日記，即使不懂中文，卻也可以只看插圖而了解其中含意，大家都看得很開心。

(Hatice) ⇒ 如果有人出版一本像你の日記這樣的書，
(土耳其寄宿家庭)　我一定會買。

(新加坡男生) ⇒ 你畫得這広好，當地理老師実在太
　　　　　　　　可惜了。

(以色列男生) ⇒ 「請問這本日記要多少錢？賣給我好不
　　　　　　　　好？」

(日本的Ayako) ⇒ 請掃瞄你的日記，寄一份給我……。

(英國男生) ⇒ 當你結束土耳其之旅時，你可以賣掉你的
　　　　　　　書，一定很多人買。

(嘉芸) ⇒ 你實在很適合寫旅遊書。

(旅館老闆) ⇒ 日記裡的圖畫好棒，我非常喜欢。

(路人甲) ⇒ 「請問，可以幫我的女友畫人像嗎？」

(餐廳老闆) ⇒ Çok güzel（很漂亮）。

(路人乙) ⇒ " (手勢圖) "（做表示很棒的手勢）

(Rex) ⇒ 「一定要把日記放上網路，我是你の頭号fans」

176

下午5点，旅館老闆吩咐夥計幫我提行李去巴士站坐車，從 Urfa 到 Antalya 這趟巴士，我之前有先問過出發時間及票价，然而旅館老闆說要小心有些巴士公司会說謊，明明不是直達車，卻騙人是直達車，後來，透过確認，我搭上了 Urfa Cesur 的車子。

史上最冗長之搭車経驗

黑海

8/11, 14:00 Fethiye
8/11, 10:00 Antalya
8/11, 1:00 Adana
8/10, 17:00 Urfa

愛琴海

地中海

Urfa —17hr→ Antalya —4hr→ Fethiye（總共21小時）

8月10日
下午5点

因為買了手工土毯及小背包，所以不得已只好啟用我的備用購物袋，頓時覺得行動不便，旅館老闆派夥計幫我提行李到附近的巴士公司去等 dolmus 送我去巴士總站

8月10日
下午6点

巴士是一路上沿路撿人，所以一開始並沒有很多人在車上，我一個人坐2個位子，十分舒服地躺著看書。

8月10日
下午7点

有一個媽媽帶著2個小孩上車了，一個女孩7歲，另一個小男孩6歲，他們是庫德族人，媽媽很節省，只買一個座位的票。

177

8月10日
晚上9点

通常長程巴士都会有「放飯時間」，到了用反時間会把一群嗷嗷待哺的人放下車去吃飯。不過每次放下車休息時，我總会很緊張，因為語言不通總要比手画腳很久才弄清楚上車時間。我在夕廳点了 pilav (米飯)，及雞肉加馬鈴薯的燉菜，我比較想吃馬鈴薯，可是服務生卻優待我這個外國人而給了我一整盤的雞肉，並為我拿来麵包。

8月10日
晚上10点

節省金錢的庫德族媽媽只買一張票，所以只有一個座位，我幫媽媽抱她7歲的女兒，小朋友很天真可愛，不斷地教我土文單字，我和庫德族媽媽用土文字典很愉快地聊天。他們在 Adana 下車，和我說再見，接下来的旅程只有我一人，我一人佔據2個座位，蓋著我的薄外套，迷迷糊糊地進入夢鄉。

8月11日
早上8点

隔天早上8點鐘睡飽飽醒來，但是巴士仍然沒有抵達的跡象，据嘉芸傳來的簡訊告訴我应該是10点多会抵達Antalya，不过基本上我已経坐車坐到双腳浮腫了。

8月11日
早上10点15分

終於抵達了Antalya，在車上收到了嘉芸傳來的簡訊，要我到停車処右手边一棟有黄底紅字的大樓內等她……，然後再一起搭車去Fethiye。

8月11日
早上10点30分

原本以为可以下車休息一陣子再去Fethiye，但没想到才休息15分鐘，車子就来了，根本来不及思考，就又把行李丟上車，前往Fethiye，天啊！真是惡夢一場。

8月11日
下午2点

浮腫的腳

在抵達Fethiye之際，我覺得我已経因为坐太久的車，血液循環不良而双腳浮腫，甚至覺得頭昏腦脹。～～ 終於結束了這冗長的車程。

179

8月12日　悠閒觀見光的一天
（四）

我們的旅程已
經開始接近
一半的時
間（也就是2個
星期），事实上，已
經是略顯疲態，
所以決定花38 million 參加旅行社的
dalyan 行程，準備好好地当
一天傻瓜。但没想到這
個行程竟夾來個
「鑽石shopping」行
程，害我没看五分
鐘就想溜了。
之後，坐巴士被帶到
碼頭，乘小船穿
過沼澤去洗泥巴
浴，沼澤裡还可以
看見 baby turtle 喔！

外國人似乎很喜欢洗泥巴浴，因為我看到他们玩得樂不可支，我也將泥巴塗滿全身，成了小泥人，這個行程的午夕頗不錯，受到我們的稱讚。洗完泥巴浴後，又乘著小船，穿过沼澤区，到龜沙灘是海龜的晚上8点至禁止進入

IZTUZU BEACH

ÇANDIR VILLAGE

CAUNOS ANTIC CITY

洗泥巴浴

IZTUZU BEACH (海去游泳，這一区生態保護区，在隔天早上8:00是

在這兒吃午夕

的，因為海龜媽媽会爬上岸去下蛋，基於生態保育原則，所以禁止人們侵擾他们，我们在海灘游泳時，Guide也叮嚀我们不要向左迎沙灘走過去，因為那兒是海龜出沒的地方。

這隻 turtle 其实是我自己想像的。

181

Ideal ☀ Pension
Fethiye

Quiet, central location with
harbour views!

☎ (0252) 614 19 81

www.idealpension.net
e-mail: idealpension@hotmail.com

Address: I. Karagözler Zafer Cad. No: I
FETHIYE - TURKEY

Special Deals Inside

BAY OF FETHIYE

Ideal ☀ Pension

Information
Office

Yacht Harbour
Marina

PTT
(Post
Office)

Dolmuş
(Minibus)
Station

Mosque

W ← → E (compass)

OTOGAR
(Bus Station)

眼睛很小的
韓國男生，害
我老是以為他
睡著了。

在 Fethiye 的
住宿：
頂樓景色十
分美丽，可以
看到海，房
間也很乾
淨，而且有
巴士接送

到巴士綫站，是背包旅客首选。

雙人房（附早乡）　2人共27 million
dormitory（附早乡）　每人13.5 million
頂樓床位（附早乡）每人8.5 million
晚乡　　　　　每人7 million

(住三天且訂三天晚乡，附贈遊船
行程，可以选擇去12小島或是
Butterfly valley)。

我們今天去洗泥巴浴及游泳
的行程就是訂三天旅館附
贈的，其実背包旅客都是窮
鬼居多，而窮鬼綫是物以類聚，而且大家出門旅
行都賴著一本LP，所以是非常有可能住到同一
間旅館的 ..... 所以，昨晚，我在陽台工遇之前在
Urfa 認識的韓國妹，而今天傍晚回来時，又發現
分別幾日不見的新加坡男、韓國男也住进来了......。

182

8月13日(五) 一直一直在游泳的一天

簡直就是 swimming tour 的行程：(Oludeniz & butterfly valley Boat Cruise)

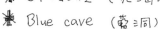

- ✳ Oludeniz （死海）
- ✳ Blue cave （藍洞）
- ✳ Butterfly Valley （蝴蝶谷）
- ✳ St. Nich Island
- ✳ Camel Beach （駱駝海灘）
- ✳ Hot & Cold Springs （溫泉及冷泉）
- ✳ Aquariumbay

今天学会了2項水中技能，新加坡男生教的。

(1) 漂浮

終於学会如何漂浮在水面上的 peiyu，在太陽底下浮著。

另一位熱心導遊看了我的日記本後，又跑去找名片給我。

Captain Donny Osman

* Daily Boat Tours.
* 3-4-7 Days Blue Cruise
* Yacht Cruises, private Boat & power Boat Hire
* Fishing Tours.
* Sunset & Moonlight Cruise.

Services valid for all year.
www.volkanyachting.com
E-Mail : donnyosman73@hotmail.com
Tel : +90 (252) 617 05 12
Fax : +90 (252) 617 05 18
GSM : 0532 456 52 75

Free Shuttle
Ölüdeniz / Fethiye

BLUE cruise
Paragliding
Diving
Rafting
Ferry to Rhodes
Ferry to Samos
Flight Ticket
Airport Transfers
Care Rental
Bike Rental
Jeep safari
Horse Riding
Real Estate

Land Excursions
Dalyan (Turtle beach)
Tlos & Saklikent (The Gorge)

Daily Boat Tours
Ölüdeniz Boat Tour
12 Island boat Tour

(2) 踩水

這就是
踩水。

雙腳像蛙泳般輕鬆划动力。

離海底有一段深度。

今天的行程簡直是比昨天更加休閒，
我們乘坐木梳船出海去游泳，
船上的設備很好，还在船上
享用了美味的午餐……，也好，
就把這樣的行程当成是休息，
只是我和嘉芸都覺得很奇怪，
游泳就游泳嘛！但他们却喜欢把
人載到很多地方去，抵達時，大家就噗通
跳下海，很像是在「下水餃」，反正就是一
整天不斷地換地方游泳……，不过

這兒的海水藍得訝
人不敢相信那会是
真的，景致極
美，真值回票价。

Ice cream！

好貴，30分鐘69美元，韓國男生說大家一起出錢，一人10分鐘好了，
在天空飄著好多飛行傘，好羨慕那种飛の感覺，但

我们の船邊常会有这种
賣冰淇淋的小船靠过来。

184

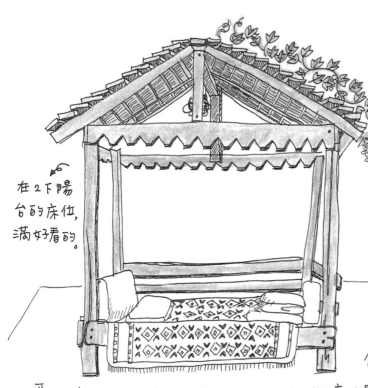

在 2下陽台的床位, 滿好看的。

在我們の旅館の 2F 跟 4F, 大家活动的公共空间裡, 都擺了好几張床, 這種床位很便宜, 一人 8.5 million, 而且还包含早夕, 反正就是付了錢, 然後自己去找自己想要的床位, 只要把背包一丟, 床位就是你的了! 我和嘉芸從未嘗試过這种, 顯得躍躍欲試, 但老闆卻告訴我们沒位置了 ..... 天哪! 可真搶手呀! 沒想到這個世界上的窮人可真不少....。這一路走来, 其实体驗了不少旅館, 形形色色, 其实挺有趣的。

➤➤ 之前我在 LP 旅遊書上讀到, 在 Olympos 這個地方, 有蓋在樹上的旅館, 稱為「樹屋」, 但根据新加坡男告訴我们, 「樹屋」大部不是真的蓋在樹上, 而是有棵「樹」, 樹旁有棟「屋」, 唉~被打敗。

？？？？？？ 這是什麼？

在費提葉（Fethiye）附近的山丘斷崖上，可以看到殘留
利奇亞人（Lycians）的岩窟墓地，他們到底是如何
在高聳的懸崖峭壁上修建墳墓？至今仍是個謎。
前天傍晚抵達費提葉之際，我和嘉芸累得妾成
了2個懶鬼，一直說只想去逛街，才不想去看什
麼古墓。可是逛著逛著...竟走到了古墓下方，不拍
照都不行，而昨天坐船穿过沼澤要去 turtle
beach 游泳時，也看見了美丽的古墓遺跡，据了解，
在土耳其，只有費提葉附近有 这种古墓，不过前天
傍晚，我和嘉芸2個懶鬼只在山下拍照就閃了，
今天，新加坡男和韓國男在傍晚時也走去看古墓，他
仍很勤奮地爬上山，看見了美丽的夕陽照在古墓上。
186

8月14日 (六) 棉堡看石灰華階地

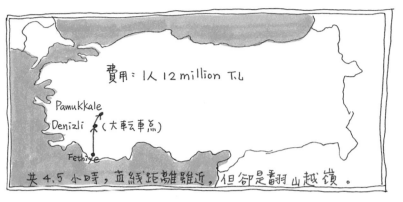

費用：1人 12 million TL

Pamukkale
Denizli (大轉車点)
Fethiye

共4.5小時，直線距離雖近，但卻是翻山越嶺。

今天要坐車去棉堡 (Pamukkale) 但韓國男想去飛飛行傘，所以他不打算和我們

一起出発，至於新加坡男則打算去 Egirdir，因為他几年前曾来过土耳其，所以他曾去过棉堡，因此也可能不想去，所以我和嘉芸揮別了新加坡男、韓國男......，自己搭車去棉堡。

抵達棉堡，找到旅館後，我們就扔下行李爬上棉堡，不过，

腳底按摩

痛~~~

這簡直是一場痛徹心扉的腳底按摩，因為土耳其政府為了保護棉堡的自然景观，而規定觀光客必須脱鞋才能在上面行走，所以要上棉堡，最好是自備一個塑膠袋来裝鞋子.....我好幾次都跌了個四腳朝天，好不容易爬上去，山上有個 Hierapolis 遺跡，是羅馬時代留下来的，曾是一個溫泉治療中心，有羅馬浴場、教堂、神殿、劇場....等遺跡，那兒有個

187

溫泉游泳池，
在游泳池
的底部全是
Hierapolis
遺址的廊
柱，等於是

棉堡的景觀，門票：
(石灰華階地) 5 million

和古蹟共浴，不过，我們到那兒才發現人实在超多的，
於是我立刻打消這個和大家一起「下餃子」的計画。
雪白的棉堡有很多地方用繩子圍起來避免大家進
入破坏裏，但是我却在那兒看到有人越过警戒線，
走進不該走的地方，且遲之不肯離開，害大家想拍
照都拍不成（沒人希望相片裡有他吧！），看到這种
破坏环境的人实在好怒，於是我

吹哨子制止
他！

嗶
嗶……
嗶……

遠遠看去，
棉堡就像白
色的糖粉，而
人們列隊行進，
像一隻隻小螞蟻。

188

從棉堡下山回旅館的途中，竟然碰見了剛由費提葉（Fethiye）翻山越嶺來棉堡的新加坡男和韓國男，而且他們又碰巧也住進了我們住的旅館……，他們提議再和他們一起走回山上等著看夕陽，我們答応了，（天哪！又再做一次腳底按摩），那美丽丽的夕陽説我們覺得很值得。

新加坡男説，三年前他來棉堡時，景色比現在美多了，棉堡石灰華階地的水面映照著夕陽無限好，就像是一面面的明鏡，而今景色不再，也許不会再有人想來棉堡了……，他的這段話説我思考很久，因為，在我看到棉堡的那一剎那，心裡有点失望，因為当初對棉堡的嚮往，是因為在書上看到了一張照片，在陽光的照光耀下，石灰華階地波光粼粼，美得像一個夢境……，雪白の棉堡就像是用棉花糖堆起來的童話故事の世界……，但是，今天看到的棉堡，卻是乾涸的棉堡，因為水源被接到山下的溫泉旅館去了，失去流水的棉堡，就像是一個白色死亡的世界，説我由心中升起了一种悲傷的感覺，因為這裡只留下乾枯の情景，説來者去憑弔她逝去的美麗。

棉花糖

189

在棉堡の石灰岩階地向上走，會走
到 Hierapolis，在布滿古代柱子的
Pamukkale Termal 旁邊有間 PTT（郵局）
我在這兒蓋了郵戳....但那人不小心蓋反了，
可是上頭有 棉堡的圖案，还是很美麗啦！

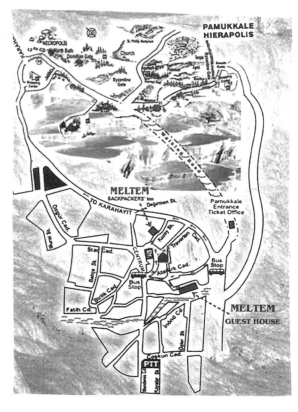

我們在 LP 旅遊書上
查到一間旅舍官：

MELTEM GUEST HOUSE
www.meltemguesthouse.com
E-mail: meltemmotel@superonline
.com.tr
Fax: (0.258)272 22 73/
24 14

双人房＝2人20 million
（有衛浴，不含早飯）
dormitory＝1人6 million

這間旅館離車站及
棉堡入口都十分近，
不过，其实設備很普
通，附近还有其
他更好的选择，
而且，最恐怖の
是，這裡蚊子
泛濫得可怕。

Peiyu 卻睡得很美。
完全不知道有蚊子。

但是～，
旅館通常是睡了才知
好壞，因為蚊子太多了。

嘉芸整夜 睡不着。

8月15日(日) 意外的旅程～ Eğirdir 湖

其實這個湖原本不在我的計畫之中的,但是從在 Urfa 開始,我就一直聽到韓國男和新加坡男在講這個湖,但我一直沒放在心上,直到在即將離開 Fethiye 的前一晚,在他倆的房間吹冷氣,

(早起(超級早!)上棉堡看日出。)

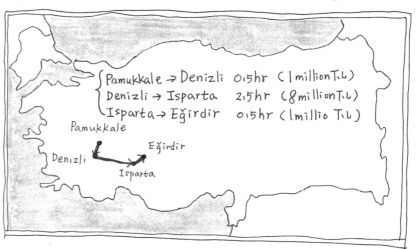

Pamukkale → Denizli 0.5hr (1 million T.L)
Denizli → Isparta 2.5hr (8 million T.L)
Isparta → Eğirdir 0.5hr (1 millio T.L)

Pamukkale
Denizli
Eğirdir
Isparta

聽他們講到那個湖,我順手翻了我的 LP,才發現那裡剛好有少數民族 Yörük 的市集,這市集只有8月中～9月中的星期日才有,我曾聽過 Yörük 族的音樂,一直很想去看看,於是,我臨時決定在棉堡待一天後,追隨新加坡男、韓國男的腳步去這個湖,可是,今天一大早起床爬山看日出(又做了一次腳底按摩,慘痛:),又拖行李去搭 dolmuş,再換巴士,累慘了。191

Isparta 這個地方附近是產玫瑰，所以當我在 Isparta 轉車，準備前往 Eğirdir 之際，看到好多商店都在賣有关玫瑰的產品，例如：玫瑰香皂、玫瑰洗髮精、玫瑰水、玫瑰乳液，還有玫瑰果醬、玫瑰口味的軟糖，整間商店都是粉紅色的瓶瓶罐罐，簡直就是一個粉紅色的世界，讓我看了開心不已，因為我喜欢粉紅色，我覺得那是全世界最溫柔可愛的顏色了！

Isparta 是一個大轉車点，我們在那免換車坐小巴士去 Eğirdir 湖，不过那個售票口超奇怪的，那窗口一直窗口緊閉堅持不賣票，非得等小巴士來了才開始賣票，但偏偏小巴士載客人右有限，所以從頭到尾一直有一大堆人擠在窗口排隊買票，很有責任感的新加坡男也排在其中，因為排隊的人实在太多了，所以当每個人買到票時，表情都像中了彩券一樣高兴，唉！土人賣票の風格实在難以理解呀！

192

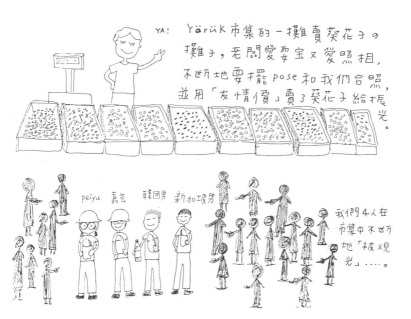

YA! Yörük 市集的一攤賣葵花子の攤子, 老闆愛耍宝又愛照相, 不些地要擺 pose 和我們合照, 並用「友情價」賣了葵花子給振光。

peiyu 嘉芸 韓國男 新加坡男

我們 4 人在市集中不些地「被觀光」……。

— 新鮮的炸魚 (沒有刺)

我們每天吃的晚夕是由湖中捕來的新鮮魚。

辛辛苦苦來到這裡, 但這個市集其实不太有少去民族の风味, 反而像台灣的流动夜市, 賣些乱七八糟的生活用品, 可是我並不覺得失望, 也許是因為旅行久了, 愈來愈可以隨遇而安了。我們本來要住在舊土城区附近的一間 Lale Hotel, 但這裡卻在一星期之前就被一群韓國人包下來了, 不过老闆很熱心, 他說他的朋友の旅館还有空房, 他開車載我们过去了, 呵, 环境好美。

Pension
(Fisherman's house on the island)
www. egirdirnet. com
e-mail: www. alispension@hotmail. com
Telefax: 0(246) 3112547

Alispension

193

8月16日 (一) 騎腳踏車湖邊閒遊.

躲在牀單下畫畫的
小子亥

有一個小女子亥躲
在牀單下換泳
衣 (真是個好方法)

2個小女孩
躲在床單下
講什悄悄話,
玩得很開心.

一個看到任何衣服
或布都要疊起来的
小子亥 (很奇怪)

今天早上起床後, 在
旅館的葡萄藤架下享
用了早餐, 我們跑到 Lale Hostel 去
租了四車兩腳踏車, 在湖邊悠閒
地踩腳踏車, 湖邊的風十分清涼,
吹在臉上很舒服, 不过嘉芸中午就離開了, 没和我
們一起在傍晚時去游泳, 我們在湖边游泳時.
巧遇早上碰到的, 正在野餐的一家人, 還請
我们吃水果, 不过當我看到他们生火烤玉米時.
真是有種「被打敗」的
感覚, 土耳其人真是個
喜欢野餐的民族。

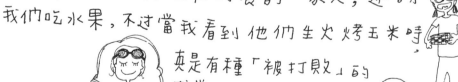

小朋友很喜欢
我的泳鏡,
於是我送給了她。

在湖边野
餐的一家人
請我们吃水
果及玉米

這群孩子只要簡單的東西就可以玩得很開心, 好容易滿足)

在 Egirdir 湖
旁,湖中小島
是由橋樑和
陸地連接起
來的,道路
兩旁有些木
頭小亭子,是

為了讓大家等車時,不致方令
遭受风吹日晒雨淋(好貼心),不
过我们昨天経过小亭子時,发现有情侶在那兜約会,
呵~根本就不是在等公車,就算有一百輛公車経过也不会
出来吧!所以我们把這小亭子稱做「戀情小屋」,今
天騎腳踏車経过時,我们还特地進去坐坐,我坐
在旁边画之,韓國男在睡覚,新加坡男在拍照。韓國
男頭髮太長了,他說他要理髮,我和新加坡男很好奇,
騎車跟在後面去偷看,那間 Berber (理髮店)小
到不行,而竟不是用蓮蓬頭洗頭,是用
水壺直接澆,真是原
始的方法
呀!我们看
著他,表現
出幸災樂
禍の樣子。

心中想必
是忐忑不安
的韓國男

4.000.000.T.L (剪頭髮)

1.500.000 T.L (洗頭髮)

195

很怪的東西, (ENO)
新加坡男生給嚐的,
據說他們吃太多
上火的東西想降火
時, 就会喝盐水。
(第一次看見這個
怪東西, 所以借来
畫下来)

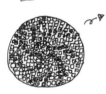

8月17日 (二) 離別

昨晚太晚睡了, 今早睡到9点多才起
床, 吃過早餐後, 就走路到附近一
個教堂去看一個很小的画展, 因為我
們住的這間 pension 的老闆娘
老是在吃飯時間看到我在餐
桌上画画, 她告訴我一個訊息
, 說附近的一間教堂正好有一
些画在展出, 也許我可以去看看。

在看完這些芸術
品的展出之後, 韓
國男說他最喜欢幾何
圖形向中心不斷旋入的馬賽克。

其实我們在看完之後
也不知要作什庅, 也
沒決定要坐几点的
車, 只是沿著湖
边散步 …… 不断
地談論
芸術。

在 Eğirdir
湖边採
的盆紫色
野花。

新加坡男
幫忙紮成
花束, 真
好!

196

嘉芸昨天就揮別我們，前往 Selçuk，但我沒有與她同行，因為我想慢々移动，不想赶路，而且我喜欢 Eğirdir 這個沒有太多观光客的小镇，湖迎有凉々的风，我們住的旅館房間，在早晨醒来時，会洒進明亮的陽光，從大片窗户望出去是綠树、老

Flash !

因為他們倆個的皮膚晒得太黑，幫他們拍合照竟然需要用到閃光燈，恐怖。

屋及一小塊藍色の湖水，我的♥情是輕鬆而愉悅的，沒有什庅非做不可的事，只是騎著腳踏車吹風，或者到湖裡游泳……，対我而言，這是真正的休息…，然而，今天是離別的日子，我、韓國男、新加坡男，要一起離開 Eğirdir，而今日說再見之後，就不太可能像前幾次一樣，在下一個城市再相見……，因為，每個人的方向，都不再相同……，我要去 Selçuk，韓國男要去伊斯坦堡，新加坡男則是奔向安卡拉。昨天新加坡男対我們說，和我們在一起的時光是他這段中東之行中最快樂的時光，也是最重要的時光尤其他和韓國男結伴同行 2 個星'

韓國男生很可口。若是喜欢歪著頭想事情而且他的眼睛很小很可愛。

197

期，我可以感覺得出，他們十分珍惜彼此相處的時光。有些人，也許在你生命中一直出現，甚至每天見面，但對你的意義卻猶如灰塵般毫無輕重，但…有些人，儘管短暫出現有如花火，意義卻是非凡。

昨晚我遲睡的原因是因為我和新加坡男拿著日記在聊天，他還幫我訂正了英文錯字，呵~我很羨慕他給自己放了這麼長的假期走過嚮往的地方並且深入探索，今天看畫展時，他還為我複習了西洋美術史，他曾問過我一個問題：「人生是一個終点？还是过程？」，对我而言，「过程」的完成，是比「目的」的達到来得重要，过程会因為很多變數而變得丰富有趣，別趕著要到終点，那樣会讓人錯失很多风景……，許許多多意外の旅程都是事先計画不到的，而那就是樂趣所在，就是意外的驚喜。

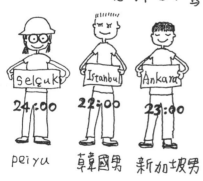

peiyu　Selçuk 24:00
韓國男　Istanbul 22:00
新加坡男　Ankara 23:00

🕙 22:00　只剩
🕚 23:00　只
🕛 24:00　只剩我！
（我們3人，在不同時間搭車離開！）

我們在Isparta等車，準備揮別彼此，天空意外地下了一場大雨，而後的天空出現很美的彩虹，他們倆在窗外又叫又跳，要我也去看，真像2個可♡的大孩子，我們分別搭不同の車離開，我突然覺得，也許一輩子再也不会再碰面了。

8月18日 (三)　Efes 遺跡巡覽

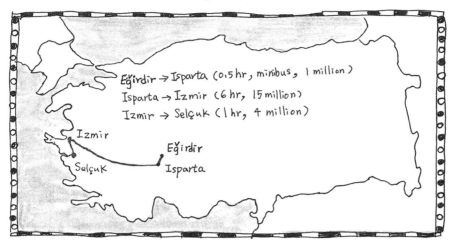

Eğirdir → Isparta (0.5hr, minibus, 1 million)
Isparta → Izmir (6 hr, 15 million)
Izmir → Selçuk (1 hr, 4 million)

Izmir
Selçuk
Eğirdir
Isparta

也許是因為我一臉笨相，又是三人之中最晚搭車離開的，
所以在搭夜車時，有個叫做 Ali 的路人幫了我的忙，
在 Izmir 轉車時，他不放心睡眠惺忪的我，於是幫
我提行李下兩層樓去買巴士票，又陪我找月台等車，並
一再叮嚀隨車服務生一定要在 Selçuk 叫醒我、讓我
下車。我在 Selçuk 平安下車，(感謝眾多熱心土人幫忙!)
就直奔嘉芸住的旅館找她，今晚，我也住這兒。

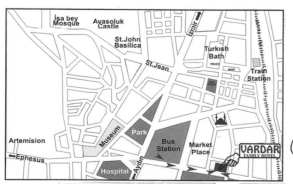

這是在 Selçuk 住的旅館，
就在 Otogar 附近，走路
可到，旁邊也還有很多間
旅館，這間旅館的老
闆是女的，英文流利。
(双人房，附衛浴，不含
早餐，一人 10 million)

VARDAR FAMILY HOTEL
Tel:0232.892 49 67 Fax:0232.892 00 99
Atatürk Mah. Şahabettin Dede Cad. No:7
Selçuk-İzmir-TURKEY
e-mail: seval@vardar-pension.com
www.vardar-pension.com

199

今天的行程其实很滿，而我又累又倦，有点心不在焉……。

早上 搭 dolmuş 去 Selçuk 附近的 Sirince。這兒在很久以前是希臘人的村落，但在土希交換住民後，希臘人就搬走了，這兒有一片白色小屋，整個村子都是石板路，十分簡樸寧靜。(車資：2000000.T.L)

在西陵捷(sirince)，一位老婆婆配手工編織的小貓，正當我在路上漫步時，被拉進民宅裡面買的。

中午 參觀艾菲斯十博物館。這個十博物館位在 Selçuk，從我們住的旅館走过去不到5分鐘，但完全不知道在趕什麼，我根本無法安心看完它。(左迅是門票)

下午 搭 Dolmuş 去參觀 Efes 古城遺跡 (車資：1 million T.L)
雖然我們先回旅館睡午覺，刻意下午4:00太陽不強時才出門，但整個古城遺跡內沒有樹，害我被晒到快蒸発了。而且這樣子趕來趕去，我根本就在走馬看花，毫無深刻印象。

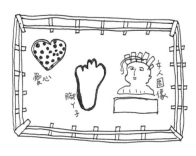

嘿！把自己的腳
伸進去試一試
大小！

這是在 Efes 古城
遺跡看到の「妓
院廣告」，呵～
因為性交易僅
限成年人，所

以他們在地上画了一個腳丫子图案，想
去妓院尋欢的人，必須把自己的腳
放在那兒量一下大小，如果自己的腳丫
子比它大，才算成年，才有資格上妓
院，我異想天開，不顧眾人目光，也把
自己的腳放上去試々，唉！太小了。

　　昨天新加坡男在等車時有稍微講解
Efes 建築給我聽，雖然当時我猛打呵
欠，心不在焉，但多少也有聽進一点，所以当
我看見羅馬時代の馬桶時，不致於把它当

EFES ÖRENYERİ
EPHESUS

T.C. Kültür ve Turizm Bakanlığı
Ministry of Culture and Tourism
Bu bilet yalnızca Efes Örenyeri için geçerlidir.
This ticket is valid only in Ephesus.
Satılan biletler geri alınmaz
Tickets are non-refundable.
Biletinizi gezi süresince saklayınız.
Please keep your ticket during the visit.
Bu bilet yalnızca bir kişi ve bir sefer için geçerlidir.
This ticket is valid only for one person and one time.

Türkiye

成垃圾桶，
聽說古代人
会這樣排々
坐，一边上廁所
一边聊天，对
他们而言，是
重要の社交呢！

Efes 古城遺跡門票　15 million T.L 好貴喔！

8月19日(四) 不停 "移動" 的一天

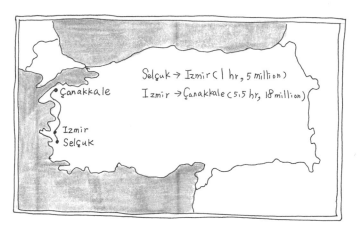

Selçuk → Izmir (1 hr, 5 million)
Izmir → Çanakkale (5.5 hr, 18 million)

Çanakkale

Izmir
Selçuk

今天又是我的移動日，本來嘉芸說她要去Bergama，但我覺得趕路好累，說我好厭倦，而且在看完Efes古城遺跡後，我对於古蹟裡的一堆石頭更是倒盡胃口，所以我告訴嘉芸說我不去Bergama，我要獨自去Çanakkale，过後再与她会合，然後一起回伊斯坦堡，嘉芸聽了我的計画，她重新決定不去Bergama，而要和我一同前往Çanakkale。再过一個星期，就要揮別土耳其回台灣了，我想，我真的累了，行動力愈来愈弱，覺得很懶惰，常常發呆，提不起勁，有時，甚至想發脾氣。

我們經过勞苦奔波，終於到Çanakkale，住進了LP書上講的一間Pension，這兒好冷清，只有我們住，不过环境倒是安靜乾淨，是不錯的選擇。

The YELLOW ROSE PENSION
Make the best choice in ÇANAKKALE

Go yellow

Address : 50 m. From Clock Tower
Phone & Fax : 0.286.217 33 43
E-Mail : yellowrose 1 @ excite.com

Yellow Rose
Clock Tower
Small Ferry
DARDANELLES
OTOGAR
Bus Stop
Pool
Big Ferry

雙人房. 附衛浴, 1人12 million
202 dormitory. 附衛浴, 1人9 million

"çiğ köfte" 是用絞肉及小麥粉, 再加上辣椒捏成的食物, 算土耳其常見の食物, 這是我第二次吃這種食物, 上次在伊斯坦堡某夕庁吃

香菜
生菜
çiğ köfte
（血紅色）
洋蔥

再擠幾滴檸檬汁! 味道更讚。

再蓋上一片生菜, 捲起來吃。

好吃!
但是超辣!

too spicy !

Buffet 時, 剛好有这樣菜, 但我従未看过有人在路上賣, 今天在路上看到了, 我趕快跑去再嚐一次, 其实它的吃法有

搭船橫渡達達尼爾海峽,
船資 1 million , 時間 15-30 min

Eceabat
kilitbahir
Dardanelle(Canakkale Boğazı)
Çanakkale

很多种, 有用餅皮包著吃的, 也有用生菜包著吃的。基本上, 对於食物, 我是非常勇於嘗試的, 十分具有冒險精神......, 可是, 每天吃烤肉、燉菜、生菜沙拉、扁豆湯 ..... 天哪! 我好想吃台灣的清粥小菜, 外加一杯梅子綠茶喔! (今天除了坐車、吃吃喝喝外, 啥也沒做, 倒是又坐了趟船来回達々尼爾海峽, 又再次橫越歐亞..... 其实 Çanakkale 的舊街道小小的, 滿好逛的, 而且观光客不多, 我心情又變好了)。203

8月20日(五) 去特洛伊

看木馬！

這是在 Troy 遺跡裡面的 PTT (郵局) 蓋的郵戳，因為根據我們的經驗法則，只要是在重要景点附近的 PTT，通常都會有特殊圖案。(在 Efes 的 PTT 錯過蓋郵戳的時間，真是後悔不已呀～)

很多人会爬到木馬上面然後把窗户打開，伸出頭東張西望。

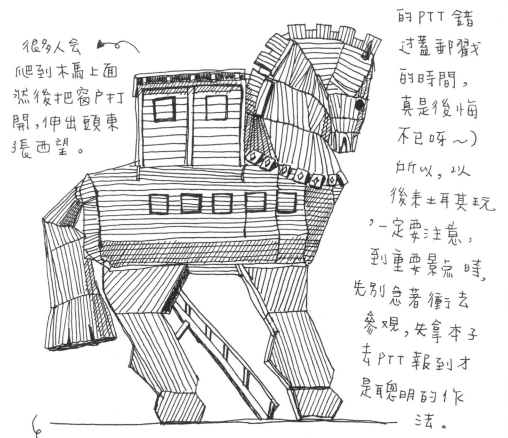

所以，以後来土耳其玩，一定要注意，到重要景点時，先別急著衝去參觀，先拿本子去 PTT 報到才是聰明的作法。

擺在 Troy 收票口附近的巨大假木馬，雖然它不是 "木馬屠城記" 裡的真木馬，但造型还算不錯，我还滿喜欢的。

我買了2隻笨木馬。

4.000.000 T.L

4.000.000 T.L

木馬
Everywhere

基本上，這是一個靠"木馬"撐下去賺錢的地方，所以，不論走到哪裡都会看到木馬的圖案，不过想想也真是覺得好悲哀，因為大家去 Troy，不是去看那一層層挖出来的古城舊址，而是去看那匹假木馬。我们都深深覺得，如果土耳其政府沒有造這匹假木馬放在那裡，恐怕沒有人会想来看Troy遺址，這匹木馬实在太重要了。

ÇANAKKALE
TRUVA

特洛伊巴士公司櫃台。

TRUVA

（TRUVA是Troy的別稱）

制服上也有木馬圖案

TRUVA 2001
AİLE YEMEK SALONU
Leziz, Temiz, Titiz...
Ahmet Sevgili
Saat Kulesi Meydanı No: 9 ÇANAKKALE
Tel: (0286) 213 32 81

ARIPAK(0286) 217 77 53

這是在餐厅吃飯時給的濕紙巾，也有木馬圖案。

Troy 遺跡的門票，只看到亂石一堆及木馬一匹。

T.C. Kültür ve Turizm Bakanlığı
Ministry of Culture and Tourism

- **BU BİLET YALNIZCA TROIA ÖREN YERİ İÇİN GEÇERLİDİR.**
  THIS TICKET IS VALID ONLY IN TROIA.
- **SATILAN BİLETLER GERİ ALINMAZ.**
  TICKETS ARE NON-REFUNDABLE.
- **BİLETİNİZİ GEZİ SÜRESİNCE SAKLAYINIZ.**
  PLEASE KEEP YOUR TICKET DURING THE VISIT.
- **BU BİLET YALNIZCA BİR KİŞİ VE BİR SEFER İÇİN GEÇERLİDİR.**
  THIS TICKET IS VALID ONLY FOR ONE PERSON AND ONLY FOR ONE TIME.

TROIA ÖREN YERİ / TROIA

ÇanakkaLe → 0.5 hr, 一人 2.5 million → Troy

Lokanta

飽

（我們之所以住在 Çanakkale 這個不起眼小鎮的主要原因是要就近坐車去特洛伊看笨木馬。）

我們今天的晚餐是在 lokanta 買的，lokanta 就像是台灣的自助夕，可以在店裡吃，也可以打包帶走，在這裡買東西吃很方便，只要用手東指西指就可以点到自己想吃的菜，而不怕菜上桌時會有「意外の驚喜」……，而且 lokanta 是大眾价位，我们這頓丰盛晚夕只花了 10.7 million，而且老闆看我們是東方人，还主动問是否需要米飯。我覚得到土耳其，依付 lokanta 維生準沒錯，因為有各种燉菜，可以配米飯，假裝是燴飯。

pilav (米飯)

馬鈴薯　　雞腿　　蘑菇湯 (由台灣帶的即可沖湯包)

一大條麥面包

206　500 c.c. (1.65 million)

嚴重被土化

我們住的這間 "黃玫瑰" pension，在 1F 有個乾淨的廚房可供使用，还有個小客庁可以看電視或是用那晚的桌子寫字、吃東西……，今晚我們從 lokanta 買了食物回来，就是在小客廳裡吃晚夕，飯後在桌上攤開日記本努力奮鬥，但，才坐下来一下子，我就有种奇怪の感覚，呵～原来是因为没有茶，這一陣子，我嚴重被土人影响，只要一坐下来就要来杯茶，而且隨時隨地都会有人問「要不要喝茶

一小包，每包 0.15 million
（竟然在雜貨店買到零售的茶包）

？」，所以當我坐下来，桌上没有放一杯茶，我竟有種莫名的空虛感，非常想立刻出門去雜貨店買茶包回来泡茶喝，我把這樣的想法告訴嘉芸，呵呵～没想到她也跟我一樣想喝茶，她說她之前也溜進廚房去偷瞄是否有茶包？（驚！我剛剛也做过相同的事！）天哪！這代表我們嚴重被土化，不只是喝茶这件事，我現在动不动就講 Tamam、Tamam (O.K!)(O.K!)，真是愈来愈土了！

8月21日(六) 移動到布爾沙 (Bursa)

Çanakkale → Bursa

Çanakkale → Bursa (5hr, 1人 15million)

因為買太多東西而
啟用藍色購物袋

tired.....

今天又是「移動日」,土耳其幅員廣大,每一次要由這点移动到那点,都必須耗費很多時間,現在對我而言,5小時都已經算是「短程」了,我根本連眉頭都不皺一下……,以前出國,我很少買東西,但這一次,不曉得哪一根筋不對了,買了一大堆東西,害我在「移动」時倍感艱辛,真是後悔不已,害得我必須啟用備用購物袋,其实我並不害怕坐長途巴士,因為我是那种在車上也能吃能睡,而且再怎么吵都可以睡著的人,但是在車上睡,通常後果就是腰酸背痛,而且下了車,还得拖行李,查地图、找旅館」,那种不確定性更加深了身体和精神的双重疲倦,所以到了旅程末端,通常会觉得一动不如一静。

208

到巴士總站後，我们轉搭公車前往 Bursa 市中心，知哪！那真是一車兩「烤箱公車」，我簡直熱到快中暑了，号稱說公車有「air condition」，我觉得根本就是「natural air condition」，害我全身流汗，衣服都濕透了。

我在 LP 書上看到一間位於市中心的民宿，价位便宜，於是我们決定找這間，経營這間民宿的，是一对

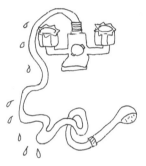

和藹可親的阿公阿婆，我之前在台大椰林BBS看过網友說這間民宿的公共衛浴会漏水，我察看了一下，果然是真的，真想跟阿婆說「快修理吧！」，不然都聲名遠播到Taiwan了。

OTEL GÜNEŞ

Hidayet GÜNEŞ

Tel : (0224) 222 14 04
İnebey Cad. Tahtakale Mah. No : 75 BURSA
(İnebey Hamamı Yanı, Ulu Cami Karşısı)

Ulu Camii

Atatürk Cad.

Ziraat Bankası

PTT

İnebey Cad.

Maksem Cad.

Tahtakale Mah.

OTEL GÜNEŞ

交通方便，近大市集，生活机能健全，双人房，不附衛浴，不包早为，1人 15 million

因为身上的衣服实在太髒了，所以今天特地来個全面大清洗，但衣服没得刷，还是髒到不行，突然觉得自己实在是太不乾淨了，以前在台灣時，只要是衣服穿过一下下，或者有流汗…我就一定会趕快洗，但出門在外，只能一切從簡。

Bursa or İskender kebap

(蕃茄羊肉片)是發源自 Bursa 這個城市的美食，我們今天因為趕著去坐車，所以沒吃早餐，中午時間是在車上睡覺，所以午餐也沒吃，找到旅館洗完衣服後，立刻去 lokanta 覓食。吃完後，又去吃 İskender kebap。

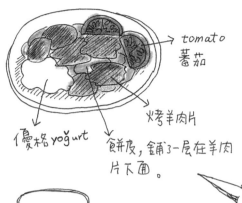

→ tomato
蕃茄

烤羊肉片

優格 yogurt

餅皮，鋪了一層在羊肉片下面。

Üzüm ŞIRA
(grape) (raisin wine)
一種用葡萄製成，喝起來像果汁的飲料。

在盤子上鋪上一層烤餅，再放上一片片燒烤的羊肉片，淋上蕃茄醬汁，並佐以融化的奶油及一大團优格，再用蕃茄片做裝飾，好吃！但吃多会很膩。

土耳其人对於優格有巨大的狂熱，飲料 Ayran 是加了鹽的优格，生菜沙拉也会加进优格拌一拌，烤肉有時也会伴著一大团优格送上来，反正無處不优格就是了！

我上個月住在 Hatice 家就習慣夕夕吃优格，自己出来玩這個月就比較少吃到优格了，竟开始懷念起来（這又是我被土化的另一個例子），於是跑去 lokanta 点了土耳其餃子来吃……。（食物只要加了优格，就变得清爽不油膩！）

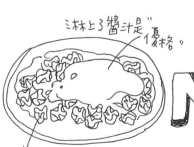

淋上了醬汁是"優格"

Mantı

土耳其餃子，口味很像義大利通心麵，内餡是肉類。加了优格，味道清爽。

210

8月22日(日) 休閒 の 一天！參觀 Cumalıkzık の 房子！

Bursa 是鄂圖曼帝國的第一個首都（第二個首都是我上個月去过的 Edirne），這兒也是土耳其重要の產絲中心，我原本以為這兒会有很多观光客，但並沒有！其实我还頗喜欢這個古老城市，比如說 Ulu cami 附近的有頂大市集，在裡面穿梭尋宝的感觉真好！

在旅館的牆上看到了一個在 Bursa 附近的景点介紹，我翻了 LP，發現那兒有古老鄂圖曼房子，雖然一路上看到這種房子都快飽了，但我和嘉芸仍決定去看看！

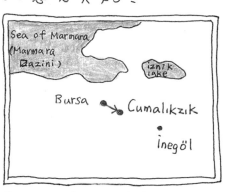

Bursa ⟶ Cumalıkzık（35 min，每人車資 0.9 million）

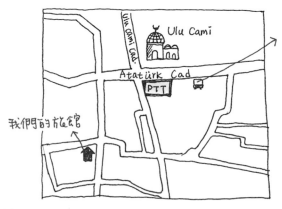

在這裡搭公車
在旅館附近的阿塔土克路上的 PTT 前面搭 22 號公車可以到小山村 Cumalıkzık。
時刻表：
9:15 am   10:45 am
12:45 am   1:45 pm
3:15 pm   4:45 pm
6:15 pm

211

今天的"奇遇記"是一段令人難忘的溫馨回憶。

哪裡？
nerede？
？？？？？
？

22

（鳥地方）

起初22号公車把我們載上山後,停在一個"鳥地方",叫我們下去晃15分鐘再上来,我誤以为這個地方就是我們要去的 Cumalikzik,真是徹底失望,因为這個鳥地方実在是平淡無奇到了極点,有种被 LP 旅遊書欺騙的感覺。但車上有個阿公一直叫我坐好,似乎是要帶我去啥地方的樣子,果然在我們晃完15分鐘,再度上車,車子才把我們載到真正的目的地, Cumalizik,而熱心的阿公一直要我們跟他走,語言不通的我們也不知他的葫蘆到底賣什应藥?反正就是跟著他走,後来,他走進一家餐廳……,不,是一個擺了長長飯桌的地方,裡面的人忙進忙出,在準備食物……,阿公不斷地和人寒暄,我們被眾人環繞,又是茶又是 Köfte 地拼命招待,他們不斷地講話,覺得我們兩個看起来新奇有趣,我猜想他們是否在辦婚禮?

在庭院中架起烤爐,現烤 köfte

köfte

çay

這是在土耳其吃過的肉汁最鮮美,肉質超有彈性的 köfte,好想流淚喔!

阿婆忙進忙出,还拿自製果醬給我们看!

連車子都裝飾得很漂亮,喜気洋洋。

nikâh?
是婚禮嗎?

Hayır.
不是。

sünnet

sünnet = circumcision
(割包皮)

字典 sünnet

中英,英中
電子字典

於是,拿出字典查了婚禮這個單字問他們,他們搖頭,弄了半天,才知道原來是家中男孩在今天要舉行"割禮",所以大肆慶祝一番,我很好奇地問:「是誰?」,呵呵,當事人——一個靦覥的小男孩立刻被抓到我们面前来!

自家庭院中的流水席是用長木條和木箱疊成桌子,再鋪上桌巾。

213

~井好#?學回~

啥？ 我想應該....

完全聽不懂，無法去你
理解的兩人相互对望
自圓其說....。

peiyu
的日記

好險我和嘉芸 2個懶鬼之前沒有預設立場，要是我們自己預設立場而覺得鄂圖曼老房子沒啥好看，那麼，我們就遇不到這個風趣的阿公，那個阿公除了帶我們去看辦辛桌之外，还帶我們去逛整個村子，並且隨時用手勢、動作、眼神為我們「即時導覽」，不过有時我們真的不懂阿公在表達什麼？我們只好自己解讀，並自己用中文加以「配音」翻譯，裝出一副我們好像很懂的樣子。跟阿公覺得超級滿意

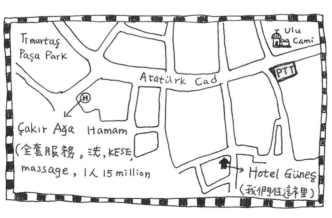

Tımurtaş
Paşa Park

Ulu Cami

Atatürk Cad

PTT

Çakir Aĝa Hamam
(全套服務，洗，KESE,
massage, 1人 15 million

Hotel Güneş
(我們住這里)

聽說 Bursa 有一個好几百年历史的 Hamam，但是，当我們坐公車去看時，卻大失所望，因為它的女賓部是新蓋的，一点都不美，因此我们決定回旅館附近的一間小 Hamam 去洗土耳其浴。聽說，有些專門服務观光客的 Hamam 水準日漸低落，因為他們觉得反正观

光客只来一次。而且我很納悶為何有的Hamam是由男師傅来為女客擦洗身体及按摩，甚至是男女一起洗，這在信奉伊斯蘭教的土耳其完全是胡来！只有在以服務觀光客為主的Hamam才会有此怪現象，但由男師傅服務很讓人覺得恐怖，所以我們会先問清楚。

大家都圍著這塊稱做peştamal的紅格子布！（進去時，絕不要戴眼镜，蒸気会迷濛你的眼！）

今天穿著小花内裤進去洗，但大家都是穿素色的内裤，害我頓時覺得十分十分地害羞。

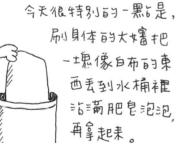

今天很特別的一點是，刷身体的大嬸把一塊像白布的東西丟到水桶裡沾滿肥皂泡泡，再拿起来。

這塊布從桶子裡拿起来時，充滿了空気乃泡泡，就像是一個柔軟的白色大汽球。

之後，她会用這個柔軟的白色大汽球，在已經KESE过的煥然一新的身体上輕輕滾动刷洗，並進行馬殺雞，害我躺在平台上舒服到快睡著。

215

今天的洗土耳其浴步驟：

1° 進入充滿蒸汽的房間內，用水瓢舀水跟身体淋濕，等待全身的毛細孔打開後，才進行 KESE 搓揉去角質的動作。(此時不可以用肥皂清洗身体，否則等一下会搓不出東西。)

2° 大嬸戴起了手套，在我的身上搓揉，没想到竟搓出一些髒東西...不过比起前兩次的經驗，這位大嬸溫柔多了。

3° 用抹上肥皂的毛巾清洗全身，並進行馬殺雞。比起之前的2次経驗，這位大嬸的馬殺雞做得確實多了，超舒服。

4° 進行洗頭動作，雖然大嬸也是舀水往我頭上澆，但她的動作溫柔多了，不像前兩次経驗讓我有差点滅頂的感覚。

5° 全部步驟結束時，感覚昏昏欲睡。

這間 Haman 的圓頂雖然没有玻璃球做裝食布，因此感覚不到那種由圓頂射入日光光線柔和的感覚....(不禁懷念起 Edirne 的 Haman 幽黯迷離的氣氛....)，但是這間 Haman 非常乾淨，且服務人員敬業又親切，所以讓我們在事後回味不已....，而且因為全身的髒東西都被刷掉了，所以有一種煥然一新的感覚，Haman 真是具有神奇の魔力呀！

216

很奇怪的阿拉伯女人，来洗土耳其浴，卻在内衣外罩上薄紗短袖上衣，在内褲外也罩上薄紗短褲，不知道她到底要洗什么

大嬸十分敬業，她覺得這樣的穿著根本洗不乾淨，於是自动脫掉阿拉伯女人的黑色内衣。

啊啊～ 啊啊～

結果阿拉伯女人驚訴不已，連忙不停地進行護胸行動。

敬業的大嬸完全不理会阿拉伯女人的反抗，非常盡力地刷洗，每当大嬸進行动作時，例如：把阿拉伯女人的内褲稍微拉低一点，阿拉伯女人就会再拉高一点，兩個人的动作很好笑。

今天在 Haman 裡遇到了一件有趣的事情，有一個阿拉伯家庭也来洗土耳其浴，但她们一直躲在另一個小蒸汽室，而且很害羞地在内衣褲外又罩上短袖上衣及褲子，也許是因為文化不同吧！她们不太習慣在外人面前裸露身体，但她们卻也和我們一樣要進行「全套」服務，不过這可成了大嬸的大挑战，因為衣服穿這樣，怎么進行搓身、清洗及馬殺雞呢？於是這整個过程就變得非常非常地有趣，大嬸想用迅雷不及掩耳的手段脫掉阿拉伯女人的衣服，而阿拉伯女人拼命拉自己的衣服，弄得大嬸竟是被打敗，而坐在一旁的我們看到這連續过程，竟是笑到快死掉了，大嬸就這樣一迅笑一迅偷瞄我們，順利達成她的清洗工作。

我每天都很努力背新單字，特別是菜單上的字，有時当我從嘴裡吐出一個不太標準的字，当地人都超開心的，也因為如此，我們進餐館總是一帆風順。

午餐 （統共 10 million）

小米飯

青色辣椒
生菜
優格
烤到焦掉的茄子
小米飯
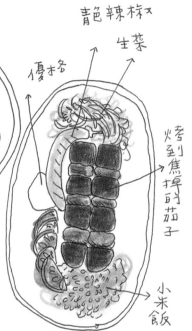

iskembe çorbasi
羊雜湯，超美味，之前在伊斯坦堡時，Hatice 就曾跟我說过要我有机会一定要点這個湯來喝。今天在吃店時，我跑去指著人家放在那裡的湯乱問一通，意外發現那兒有這道名湯，立刻点一碗來喝。

整碗喝到碗底朝天。

İnegöl köfte
在我的旅遊書 LP 上提到布爾沙有 2 項特別料理，其中一項 Bursa or İskender kebap 在昨天已經嚐試過了，另一樣 inegöl köfte 在旅館附近的吃店剛好有賣，所以就試了，口感並没有啥特別的，和平常吃的 köfte 没什麼兩樣，尤其早上才吃过超好吃 köfte 的我，更不覺有啥特別。

Patlican kebap
烤茄肉串，使用的是羊肉，為了去除腥羶味，加了很重的調味料。

too spicy!

218

午餐時,
餐廳老闆贈
送給我們
Lahmacun (土
式披薩),雖然
我已經吃过很
多次土披薩了,
但是今天的這
塊土披薩真是超級
好吃,所以我晚上又
再跑去吃一次。今天
的餐点实在跟我们
满意极了,特別是
那個很親切的老闆
他的服務十分周到,
而且那裏的餐点十
分好吃,在我们離開
時,他还一一向我们握手
說再見。

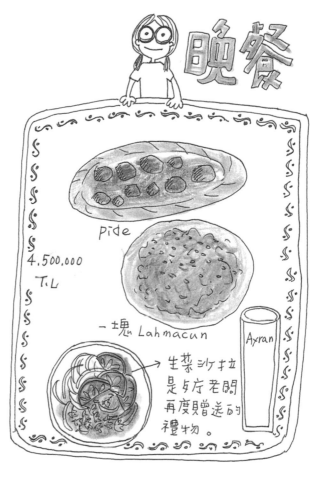

晚餐

pide

4.500.000
T.L

一塊 Lahmacun

Ayran

生菜沙拉
是好吃老闆
再度贈送的
禮物。

在吃飯時,電視上正在播出目前土耳其的新歌金曲
排行榜,剛好有一首我喜欢的歌,這支 MTV 我已經
看过了,背景是我们曾去过的 Harran 泥土蜂巢屋,我
於是指著電視問老闆那位歌手是誰?老闆很熱
心地寫在紙片上給我...,呵~回伊斯坦堡再去唱
片行看看。晚夕時,老闆还特地轉到電影台問我
们認不認識成龍 (Jackie chan),天哪~怎应土耳其人都
会向我問起成龍?他這应紅喔~我怎都不知咧!

8月23日(一) 又是移動日, 回伊斯坦堡!

　今天就要離開 Bursa, 要再度回到 Istanbul 了～
其實我們都滿喜欢 Bursa 這個小城市, 東西便
宜好吃, 且也不像大城市那应複雜。而且這裡似
乎很少有東方臉孔出現, 使得我們成為眾所矚
目的焦點, 且很多人对我們十分地友善。不过有

土耳其人覺得我們東
方人的眼睛很小,
所以每次見到我
們, 都喜欢把
眼角拼命向外
拉, 故意把眼睛
拉成一條細縫。

一件事情非常好笑, 照理說, 我
是来土耳其當筝观光客的, 应該是
無論看了什应東西都覺得新奇
有趣, 我应該是常擧起相机拍
照才对, 但昨天实在很怪又很好
笑, 昨天是星期日, 有許多土耳其家
庭趁著星期天出遊, 所以我們不
論是到 Cumalıkzık 小山村, 或者去
Ulu cami, 都碰到土耳其遊客, 而
且有好幾次, 他
們要求和我們照
相, 而且通常是失
来一張

BURSA BÜYÜKŞEHİR BELEDİYESİ
ÖZEL HALK OTOBÜSÜ YOLCU BİLETİ
Seri: A № 227360
600.000 TL.

全体大合照，然後再分別一個一個地輪流和我們照相，呵～原來自己是来土耳其"被觀光"的，這種要求要合照的事碰到一次就算了，但我們卻是在一天之內不斷地遇到，真不知道我們昨天到底在幹了什麼？

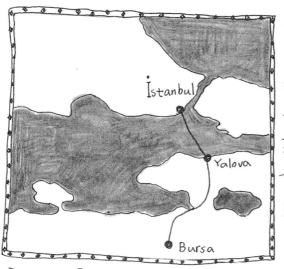

Bursa ──Bus──→ Yalova (1hr, 5million)
Yalova ──ferry──→ İstanbul (1hr, 8million)

今天要從布爾沙 (Bursa) 先搭巴士到 Yalova，再搭船去 istanbul，這是最後一次搭巴士了，只要移動到伊斯坦堡，就是這一次旅程的最後一站，之後就準備回台灣了，我們在巴士站等巴士時，每個人都盯著我們看，因為我們的東方臉孔

說他們覺得新奇有趣……好吧～反正也習慣這樣一直被看，像動物園裡的猴子一樣，要看就盡量看吧！巴士裡坐滿了人，我從窗戶向外看，這個巴士總站其實滿大的，(沒有伊斯坦堡那一個那麼大就是了，伊斯坦堡的巴士總站像個好幾層樓的大怪物……)而且每輛巴士旁邊都有一堆送行的人，又親又抱，

221

我們看到有一個即將坐巴士離開的青年，竟有9位親友來送行....哇咧～光是又親又摟又抱，再說幾句道別的話，就耗去好多時間，害我們都猛盯著那輛巴士瞧，很想知道那輛巴士到底是開去哪裡？到底是要去多遠的地方需要動員龐大的親友團來送行？但是東張西望很久，還是沒結果。

动員9位親友來送行的土耳其青年。

當車子開走時，眾親友还揮手，依依不捨地目送車子遠去....

再見！ 再見！ 再見！再見...

記得在 Isparta 和新加坡男、韓國男一起等巴士的那個晚上，我們還討論起巴士站裡浩大的送行場面，因為新加坡很小，所以巴士站裡不可能有如此龐大的送行場面，而土耳其幅員遼闊，所以才会弄得像机場送机似地，因為坐一趟巴士可能就是很多個小時，到另一個很遠的地方去。

222

好想吃泡麵的我忍不住
去買了韓國泡麵回來解
饞～，一包 2.25 million，好
好吃喔～嗚～我不要再
吃烤肉了啦！(但晚
上泡來吃之後，十分後
悔自己只買了一包，真是
豬腦袋，韓國泡麵好
吃，韓國人真棒！

在 Yalova 等了快 2 個小時的船，
好不容易才登往開往伊斯坦
堡的快船，人潮洶湧，光是排
隊等上船就花了好久的時間，心
情開始不耐煩起來，而且今天的
天氣不好，早上開始下雨，海上風
浪非常大，這艘快船晃得很嚴
重，像兒童樂園裡的海盜船一
樣，我覺得胃在翻攪，快吐了。

在土耳其坐巴士，還有另一項和台灣不同的新鮮事，就是
在坐巴士時，不認識的男女是不会被安排坐在一起的，
從這一点就可以知道，其實就某方面而言，土耳其人還是恪
守傳統的，所以在巴士站買車票時，他們会記下究
竟是男生或女生坐這個位子？而有些巴士公司会直接
把位子主人的性別打在票上，所以除非是彼此認識
的男女，否則一定是男生和男生坐一起，女生和女生坐一起。

223

hotel Anadolu

HOT WATER
CENTRAL HADING - SILENT

Yerebatan Cad. Salkım Söğüt Sok. No. 3
Cağaloğlu - ISTANBUL - TURKEY
Phone : +90 212 512 10 35 - 513 30 84
Fax : +90 212 528 96 47

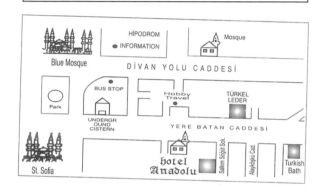

双人房 (不附衛浴，無早勺) 1人15million

dormitory (3人同房)，1人9 million，不过也沒衛浴，無早勺

這間旅館是我上個月住在伊斯坦堡時誤打誤撞在巷子裡找到的，我覺得這裏棒到不行，門口有個花園，且就在舊城区，走路去搭电車、或去 Eminönü 坐船轉車，或去重要景点，方便到不行，而且在舊城区，這樣的价格算是低廉，而且很乾淨。我今天放下行李後，立刻跑去 Beyoğlu 区再買一張迴旋舞 VCD，因为我上個月買的那張已經賣給了新加坡男，因为当初他說他一直想買這樣的 VCD，我想我回伊斯坦堡还可再買，就賣了，而且我还送了他我の可愛手电筒。

ID millron 迴旋舞 VCD
(比上個月買時，便宜3 5 million)

很好用的手电筒在師大夜市路边攤買的

224

8月24日(二) 休閒購物輕鬆行程

早上先坐 37E 公車去卡里耶博物館(KARIYE)，我們很順利地在 EMİNÖNÜ 搭上車，順利抵達，這個博物館最吸引我的地方是在於它精細生動的馬賽克圖畫，之前在台灣時，我有看過這個教堂裡馬賽克幻燈片，超吸引我的，而且我帶來的旅行書中，也有針對這間博物館有十分詳細の介紹，這兒の馬賽克是关於聖經故事中各式各樣の場景。其實我对馬賽克很有兴趣，這個月由 Urfa 移动到 Fethiye 中途，我原本想順便跑去 Antakya (Hatay)，這是一個在土耳其边境の城市，因為那裡有一個聞名世界の考古学博物館，裡面保存了很完整的古羅馬式拼花馬賽克，但当時我太累了，所以作罷，至今仍觉得可惜，但我在 Eğirdir 湖和新加坡男談起馬賽克，他告訴我他有去 Antakya，因為他由敘利亚入境土耳其時第一個抵達の城市就是 Antakya，他說那個考古学博物館和山洞教堂非常值得去，尤其走入山洞教堂時心情会回歸一種己都觉得奇妙の寧靜。(好吧！他看到馬賽克，算他贏了，但我今天要去他沒去过的卡里耶博物館！)

225

slide

Keskin color

在卡里耶(kariye)博物館內不可以用閃光灯拍照(為了保護珍貴的馬賽克壁画)但有些机車外國人还是在用閃光灯,真是超沒品,我的相机剛好沒底片了,而博物館裡燈光昏暗,就算我要拍也一定拍得不好......,後來我決定買幻燈片,12片裝,在博物館內買,花了我 15 million,但沒想到出了博物館,才發現外面的紀念品攤佐也有賣,只要7块(大約 10 million),沒想到一門之隔,我這個白痴觀光客就很無知地被坑了 5 million。

(用老方法為塑膠袋封口)

(limon tuzu)

今天由 kariye 博物館離開時,我們去附近的一間小雜貨店買水,看到老板正用小塑膠分裝一種顆粒狀的東西,看起來不知道是什么東西,好奇心大發的我又開始想追根究底,就趕快問老闆那個小塑膠袋裡裝的結晶顆粒是şeker(糖)嗎?老闆說不是,並且

şeker(sugar)

hot water

天呀!好酸喔!

停下了他手邊的工作,原來他正用蠟燭火苗在為塑膠袋封口,倒了一點在我手上,超酸的味道,後來他不但請我喝茶,还扛來椅子請我坐下,並拿了熱开水和糖,為我示範如何泡檸檬水,結果我只花 0.3 million 買一瓶水,卻喝了一肚子茶和檸檬水。

limonata →(lemonade)

終於，自己的胃口向土耳其食物宣告投降，我去吃了Burger king，甚至希望夕夕吃Burger king就好了！

我們今天簡直是「紀念品採購日」，但我們並不是去專門「坑」觀光客的「有頂大市集」採購，而是去Eminönü，在埃及市場(MISIR ÇAŞISI)的外圍分布著像迷宮一樣的巷道，這裡是当地人採購日常生活用品的地方，很多人会到這兒批發貨品，但是當然也有零售，它的貨品販賣依商品種類不同而有不同的分布区域，比如說可能某一條街全是賣絲巾的店，或者逛著逛著就逛進了家具街。在街頭常見到的「邪惡之眼」(藍眼睛)，我們是直接進當地的批發店一次購足，不但價格低廉而且種類繁多，我們簡直是成堆地扳……，反正想買的東西這裡都找得到，只要来过這裡就不会想去「有頂大市集」被削。

這個歌手出的流行歌曲在土耳其紅遍半边天，我在土耳其这2個月几乎天天聽到，嘉芸說她想買他的CD，於是我到唱片行去唱給店員聽，順利買到。

227

有关 "Evil Eye" 惡魔眼之傳説有玻璃製造芸術的 VCD，一張約 4# (美元)，還有很多关於土耳其各地的 VCD 介紹，但我没買，因为我已經拍很多幻燈片了，似乎没必要去買 VCD。

6支小匙 3 million

上個月我買了 6 個鬱金香形狀的茶杯和小碟子，但我没買小湯匙，所以今天特地在市集買了小湯匙，我覚得自己已經被土化得很嚴重，因为我現在不但是坐下来就想喝茶，而且如果不是用土耳其特有的鬱金香小玻璃杯裝茶，我就会覚得怪怪的，覚得好像没喝到茶似地。

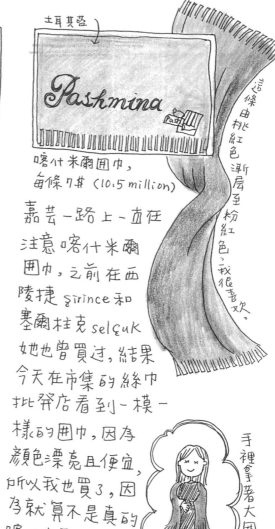

喀什米爾圍巾，
每條 7# (10.5 million)

嘉芸一路上一直在注意喀什米爾圍巾，之前在西陵捷 Sirince 和塞爾柱克 selçuk 她也曾買过，結果今天在市集的絲巾批發店看到一模一樣的圍巾，因为顏色漂亮且便宜，所以我也買了，因为就算不是真的喀什米爾圍巾，在台灣買條假的也絶对超過這個價錢。

這條由桃紅色漸層至粉紅色，我很喜欢。

手裡拿着大圍巾，幻想自己是公主，以為自己是很优雅的樣子。

鏡子

228

新城

Golden Horn

Bosphorus

舊城

Eminönü

亞陸区

大批發之所在。

小花造型的惡魔眼, 1 million

小鳥造型的惡魔眼, 1 million

要送給心欣当礼物。星星造型的惡魔眼, 1 million

土耳其人相信,如果被邪惡之神盯上了,會有厄運上身,所以很多人会帶著這稱為「邪惡之眼」的藍眼睛裝飾品做為護身符,用以吸引邪惡之神的注意,只要玻璃破碎,厄運就会消除。今天在挑选藍眼睛裝飾品時,不小心拌破一個,嚇壞我了,但老闆堅持不說我付錢。

哇

呼

破了!

229

8月25日(三) 傾家盪產逛博物館

昨天去 Eminönü 大才採購，感覺還不錯，因為不至於 哄抬價格，也不会因為看你是觀光客而拼命推銷，所以在這種 Local 的地方購物感覚還滿舒服的。至於東西的價位，比如說：

小惡魔眼 ，一個 0.2 million
再大一点的惡魔眼 ，一個 0.25 million
超大惡魔眼 ，一個 2 million

喀什米爾羊毛圍巾，一條 7# ，約 10.5 million ，花色多到滿地都是。

湯匙，從 12 根 1 million 起跳....

鬱金香形狀小茶杯，完全無圖案透明的，
　　　　一組 12 個，從 3 million 起跳 (12個)。

鬱金香形狀小茶杯，鑲金的圖案，若要買一組 12
　　　個，從 6 million 起跳 (12個)。

蘋果茶，(果粒，不是用粉末泡喔!)，一公斤的果粒
　　　　從 10 million 起跳。

地毯書籤 (約 3x5 相片大小)，100 張 25 million (
　　　但我想不会有人想買 100 張一模一樣的書
籤吧!)

比較複雜有設計感的惡魔眼飾品，一個 1 million，
(這個在外面的攤子、或是在「有頂大市集」，
　　　会賣到 2~3 million 以上)。

230

如果，我的朋友們讀到這本日記，知道我送給他們的紀念品，竟然是從「大批發」直接「搬貨」，他們一定會十分詫異（嘿嘿～愣了吧！），

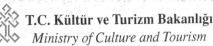

這張聖索菲亞大教堂的門票價值 15 million，好貴喔！

可是我超喜欢逛 Eminönü，已經來過四、五次了，其实，出去旅行時，最有趣的一件事就是逛這种当地的市場，因為可以由此面向窺見当地人的生活方式。

不过，逛這种地方有個大坏處，因為東西太便宜了，所以不知不覚就搬了一堆回来，然後不知不覚就把錢全部花光光……，昨天，我們就是這樣，以致於今

這張門票是 "地下宮殿" 的門票，價值 10,000,000 million，我們都覺得非常值得一看，裡頭簡直是燈光美、气氛佳。YERE 是地下的意思，Sarnici 意指沉入，這裡的地下大空間，是作為貯水池之用，水源来自於黑海，經由高架水道及導管引水至此，在拜占庭及鄂圖曼時期提供用水。

天要去逛地下宮殿及聖索菲亞大教堂時是站在門口把身上的零錢全掏出来，英是傾家盪產逛博物館，超級落魄。231

SULTANAHMET

SOUND AND LIGHT SHOW
PROGRAM / DAYS

TÜRKÇE: 1-5-9-13-17-21-25-29
ENGLISH: 2-6-10-14-18-22-26-30
FRANÇAIS: 3-7-11-15-19-23-27-31
DENTSCH: 4-8-12-16-20-24-28
8=30 PM

shows maybe cancelled
without notice. Due to
unfavourable conditions.

一边看蓝色清真寺聲光秀. 一边躺在椅子上
啃大桃子的 peiyu.

蓝色清真寺的聲光秀其实还不錯看啦! 而且因為我們住
在附近, 所以可以走路去看, 再走路回来, 我們的運気
很好, 剛好碰上了為期2週的「伊斯坦堡文化觀光節」
每天晚上都有不同的音樂表演可以觀賞, 且是免費的.

232

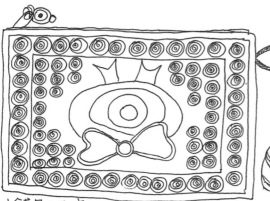

小錢包（惡魔眼）1m，因為這次出來玩，因為太過於暴力，把公費的小袋袋裝到破掉，為了明年著想，所以先購一個小包包留起來備用，醬子明年出來玩才有裝公費的小錢包可以用。（今年都還沒玩完，竟然就在想明年....真是不上進）。

藍色清真寺の六根尖塔的由來大家都知道，不过，如果想清楚地拍到這六根尖塔，最棒的地点是在 捷運 sultanahmet 站一下車，旁边有一個公園平台，在那兒看到的尖塔不会重疊也不致於前後離太遠顯得不好看，這是在大雅出的 guide book 上看來的資訊，我於是跑去那個平台寫生。

在伊斯坦堡的戶外，其实要找到水龍頭不是一件難佳事，因為清真寺到處都有，但是晚上買了大桃子準備一迅看藍色清真寺聲光秀，一迅啃人桃子，但是....卻找不到地方洗大桃子，我只好到公園的噴水池去洗桃子，正當我趁著月黑风高偷偷穿过草坪，偷偷洗桃子，才發現噴水池水柱实在强得嚇死人，我真怕我的桃子会飛上天去。

8月26日 (四) 又是打混的血拼日

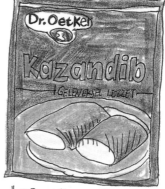

1.5 million (買了2包)

1.07 million (買了1包)

今天其實心情已經像是要回家,完全連動都不想動,所以只是去大市集 (Grand Bazaar) 逛街,然後去埃及市場旁邊買蘋果茶。其實大市集是一個胡乱喊價惡名昭彰的地方,我不喜欢那裡,但是因為嘉芸沒去過那兒,且我想去買一個迴旋舞的小陶偶,所以我們就去了。

但是我們買得不多,因為這個地方實在太恐怖了,簡直是亂開價,非得從

3 million (迴旋舞小陶偶)

蘋果茶(果粒) 1 kg 15 million (我買了約300g)

patlican domasi
(eggplant)

优格

生菜沙拉

晚夕是在 Hatice 家吃的,
地下厨做了茄子鑲飯
給我们吃,好久没有吃
到她做的東西了,十分
地開心，因為地做的
食物不像外面夕方賣的,
又甜又鹹,且全是一個味道。

後夕晚完吃 我,嘉芸、德国女生,以及 Hatice 一起
到海边的小菜馆抽水煙,喝菜,我們坐的座子樣的棚帳曼圖鄔成置布,別特幾位

他開的價格一半以下開始砍，而且，在這兒買東西必
須懷抱著一種想法:「反正没買也没关係」,否則就会
被土人牽著走......，而且一定要苹真的想買時才喊價,
且多問幾家才可以探到底價大概是多少......，不过,
我覺得這樣的買東西方式实在很累，而且感覺也不
是很舒服，我們先前已經去过 Eminönü 的大批發,現
在来到這個貴到嚇死人的有頂大市集，完全激不
起購物的慾望，只想趕快買到想要的東西，然
後快一点閃人，不想在那裡当一頭被宰之後还又
再被剝兩层皮的羊。

235

今天其實沒做什庅事，反正就是到処乱逛混時間，既然沒事可庅，就来庅一下我帶的書吧！因為在打包行李時，覚得這些書好重，但我卻拖著官旅行了一個月，真是太佩服我自己了，其实為了這次的旅行，我看了很多很多書，不过只帶出来八本而已，不过在這2個月中，它們对我的幫助非常大，我也真的很確實地讀完它，所以应該把它們画下来紀念一下，至於其他沒帶来的書，就等回台灣時再整理書單吧！(基本上只要碰到用旅行相关的事物時，我就立刻会成為一個好学的人。)

lonely planet（Istanbul）

在我停留土耳其的第一個月，都住在伊斯坦堡，這本LP是針对伊斯坦堡各個景点有很詳細的介紹，我最喜欢的部分是它对於土耳其人的食衣住行各方面の特点都說得很清楚，各項历史文化也十分詳实，雖然是英文版，我还是很吃力地看完了。

236

lonely planet（Turkey）

這本LP為自助旅行者的聖經，一路上我幾乎見到大家人手一本，在台灣時，我把各個網站上的資料及中文旅遊書の資料做筆記在這本「聖經」上，一路行来暢行無阻，非常实用。

遠足文化·新世紀旅行
百科全書〈伊斯坦堡〉

和其他旅遊書最大的不同,在於這本Guide book雖然在大家眼中,也許不「实用」,因為它並非著眼於实用的住宿、交通資訊,但是這本書是耗費鉅資完成的,对於芸術及建築等方面有非常詳細的介紹,並穿插文学内容,而且印刷精美,例如建築方面的介紹会輔以重新絵製的透視图.....想看完這本書要花很多腦力。

米精英出版社 JTB世界自由行
系列(伊斯坦堡,土耳其)

這書是翻譯自日本の guide book,每当我懶得看LP的英文内容時,我就会拿著這本乱翻,裡面的資訊有些还堪用,比如說有些介紹当地特色的小櫚位可以当成故事来看,我看得津津有味,它的"食物介紹"是彩色图片,有好幾面,对我来說土耳其菜單有很大的幫助。

Discovery 知性之旅41土耳其

這本書非常重,但我还是帶来了,因為在台灣時買了沒看完,我喜欢它对於土耳其の文化历史地理背景介紹,当初買這本書还有另外一個原因,因為喜欢它的照片,很多照片的拍攝角度都很独特.很美,很適合拿来一迅翻閱一迅做夢......,很多想去的地方都是這樣被勾起念頭的。237

〈歌樂美 — 土耳其卡帕多莫亞
的庶民建築〉田園城市出版

精英出版社·豐富之旅 12
〈伊斯兰世界之旅〉

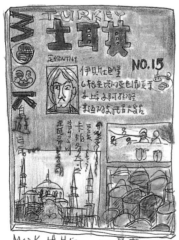

MOOK 出版·〈土耳其〉

会帶這本書也是因為在台灣買了之後沒
看完,這本書是一位有建築背景的作
者寫的,用順应自然环境的观点来
描述卡帕多奇亞地区的人如何利用
自然而生活,並暗喻了中國思想中,
天人合一的思想,這本書並隱喻現代
人造建築背自然之道而行的乱象,讀
了它会讓我想起大学時念的地
理思想。

其实在出發之前,我也讀过一些关於伊
斯兰的東西,土耳其是我第一個造訪的
伊斯兰教國家,我很想趁此机会多
了解伊斯兰教,因為以前很少有机会
好好認真去了解,我觉得這本書内容
很淺顯易懂,可以当入門書。

MOOK很便宜,而且图片很多,所以
我買来当「入門書」,在睡前翻一翻,
因為图片多,所以在青年旅館和外
國朋天聊天時可以边指图片边討
論,不过我觉得裡面の資料編
排有点零乱,資訊有些过時,所
以有关食衣住行的資訊,我还
是比較依賴 LP。

238

8月27日 (五) 踏上回家的路

今天是回家的日子，我們在前幾天就預約了 shuttle bus，因為可以直接到旅館門口來接，而且又不是太貴，(1人 6 million)，這樣就可以省去搭大眾交通工具轉車的辛苦，因為昨晚打包行李，我的登機箱已經塞到快爆掉了，一想到要痛苦地拖著行李去机場就覺得很恐怖，还好有無敵 shuttle bus。

小姐，請打開行李讓我們檢查。

自從土耳其在最近發生一連串的爆炸案之後，机場的安全檢查愈來愈嚴格，以致於到處都是大排長龍……，排在我前面的一名男子被要求打開檢查，我心裡「嘿嘿…」地幸災樂禍，但是，沒想到，輪到我的時候，他们竟也要求我打開行李……，天哪！真是想哭，因為這一趟買了不少東西，昨天晚上收行李時其实是硬塞的，行李箱已經呈現「飽到吐」的狀況，只要一打開，是会裝不回去的，安檢人員在我的行李箱裡翻 239

翻找找卻一無所獲，跟我說我可以離開了，但是，嗚～我的行李箱拉鏈卻拉不起來了，只好趕快重新把東西排好，硬用擠的方式把拉鏈拉上，希

這是在土耳其買的電話卡，因為還有剩，所以在机場我亂打電話，把它用光光。

望在我回到家之前，它千萬別爆開來。

回家得轉2次机，真是漫々長路，但我沒有不耐煩的感覺，我愈來愈習慣四処行走的感覺，我很高兴有這2個月的時間可以讓我和台灣的忙碌生活脫軌，讓心獲得了休息，我感覺自己又再一次儲備了新的能量，對於未來有了一些新的想法，旅行，就是這樣充滿魔力，它讓我再次充滿希望，只要再喝杯咖啡，休息片刻，我就可以重返軌道。

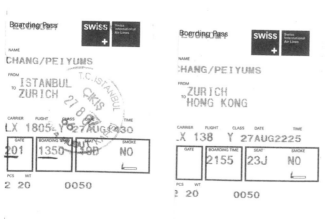

由伊斯坦堡 → 蘇黎世.

由蘇黎世 → 香港

由香港 → 台北

Life & Leisure・優遊
土耳其手繪旅行

2005年6月初版　　　　　　　　　　　　定價：新臺幣350元
2017年4月初版第十三刷
有著作權・翻印必究
Printed in Taiwan.

圖	文	張	佩	瑜
總 編 輯		胡	金	倫
總 經 理		羅	國	俊
發 行 人		林	載	爵

出 版 者	聯經出版事業股份有限公司	
地　　　址	台北市基隆路一段180號4樓	
編輯部地址	台北市基隆路一段180號4樓	
叢書主編電話	(02)87876242轉221	
台北聯經書房	台北市新生南路三段94號	
電話	(02)23620308	
台中分公司	台中市北區崇德路一段198號	
暨門市電話	(04)22312023	
郵政劃撥帳戶第0100559-3號		
郵撥電話	(02)23620308	
印刷者	文聯彩色製版印刷有限公司	
總經銷	聯合發行股份有限公司	
發行所	新北市新店區寶橋路235巷6弄6號2F	
電話	(02)29178022	

叢書主編　林　芳　瑜
校　　對　張　佩　瑜
封面完稿　胡　筱　薇

行政院新聞局出版事業登記證局版臺業字第0130號

國家圖書館出版品預行編目資料

土耳其手繪旅行 / 張佩瑜圖文．
初版 ．--臺北市：聯經，2005 年
256 面；16.5×21.5 公分．
（Life & Leisure・優遊）
ISBN　978-957-08-2872-6(平裝)
[2017年4月初版第十三刷]

1.土耳其-描述與遊記

735.19　　　　　　　　　94008712

Turkey

/goturkey.kulturturizm.gov.tr/
/www.kultur.gov.tr/

山中咖啡屋 ── 北島篇
黃嘉裕◎著・定價300元

現代人追求「簡單」的感覺,你不妨在工作之餘到山中民宿小住一天。或在山中咖啡屋待上一、兩個小時,就近浮生半日遊,跟情人、家人,閒話家常,親近自然與放鬆。

作者喜歡遊山玩水,雖不是咖啡專家,每走訪一家咖啡屋,就像交了朋友,或有「家」的感覺、或像是發現一座秘密花園、藝術生活空間、或理想境界。主人的品味和咖啡屋的特色,讓人流連忘返。

本書精挑細選了不少你或許沒有發現的台灣美景。介紹台中縣、南投縣以北的80多家風格獨特的咖啡屋,以及數家咖啡屋連成的風景帶,附加周圍的玩法。

山中咖啡屋 ── 南島篇
黃嘉裕◎著・定價300元

作者走訪南島各縣市具有特色50家咖啡屋,《南島篇》包括南投、彰化、嘉義、雲林、台南、高雄、屏東,花蓮及台東,以山線風景為主,採用主題式玩法,分為「品味」、「懷舊」、「新奇」、「公路咖啡」等單元;讀者可以循著玩法,例如:搭集集支線去喝咖啡、坐台糖五分車去玩、到阿里山森林火車站奮起湖等,接觸濃濃的懷舊風,搭配人文、生態介紹,充實旅行的意義。

挑選適當的季節、優質的住宿環境,安排一趟身心放鬆的旅行吧。來趟咖啡印象之旅,發現台灣之美!

海岸咖啡屋

作者：黃嘉裕 定價280元

有一次，在陰陽海的水湳洞附近，我的牽手突然說：
「走吧！去石城喝咖啡。」沿著東北角海濱公路，打
開車窗，鹹鹹的海風灌入車內，一個小時後，置身在
石頭砌成的咖啡城堡，享受一杯石城咖啡，那種感覺
真幸福。

現在，不只是石城，台灣有62家值得一訪的海岸咖啡
館正等著你。什麼時候你也要說──「走吧！去海邊
喝咖啡。」

繼《山中咖啡屋》北島篇、南島篇出版後，作者再次
走遍台灣、離島，尋覓咖啡最香、景觀最美的海岸咖
啡屋，進而呈現台灣的海洋之美。全書介紹62家咖啡
屋。圖片為主，散文式文字為輔，也著重美食。附相
關地圖、咖啡護照。

北京 逛街地圖

作者： Yan & Coco
攝影：黃仁達
　　　　　　　　　　　定價350元

北京逛街購物新發現／實用自助旅遊書。以
北京各類傳統與現代，中外商品為主；共挑
選約150間特色商店、購物商場、市集、老
街等分別介紹。

全書以分區方式介紹；各區附清晰的街道圖
及商店指南，並附地址、電話、營業時間等
資料；書末還附地圖、交通圖及實用自助旅
遊資訊。

上海 逛街地圖

作者： Yan & Coco
攝影：黃仁達
　　　　　　　　　　　定價350元

上海最新逛街購物旅遊娛樂資訊。

本書圖、文並重，每篇以 100～150 字說明，用
分區方法介紹上海最新行旅娛樂資訊。在盡量
避免重複介紹市場既有資料的大前題下，本書
另行挑選不同的中／西餐美食館、博物館、酒
吧、私人藏館／美術館、特色市場／專賣店、名
人故居／老街建築等共約100間，每篇附店名、
地址、地圖及消費等實用資訊。

蒙大拿的天空

許培鴻◎著／攝影　定價：　320元

本書以蒙大拿州黃石國家公園、冰河國家公園、大草原等代表性的自然景觀為主；輔以景觀、風俗人情介紹，及作者的親身經歷、心情故事。呈現美國西部原始的縮影。

本書主題約120頁，書後附 30頁給讀者塗塗寫寫的白頁、該地地圖、旅遊資訊。